KB267748

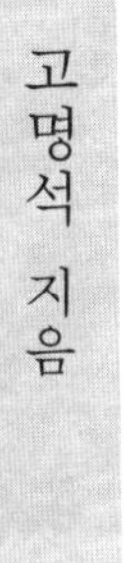

왕초보 수행박사 되다

고명석 지음

민족사

왕초보 수행박사 되다

머리말

불교는 수행의 종교다. 그리고 깨달음은 저 멀리 있는 것이 아니다. 세상은 이미 구원되어 있다고 부처님은 말씀하신다. 우리는 수행을 통해 그것을 확인할 따름이다.

행복과 평화는 이미 드러나 있다. 그 지극한 행복과 평화를 이 삶의 현장에서 구현하는 것은 우리에게 주어진 몫이다. 깨달음은 그런 과정을 통해서 열리며 궁극적으로 그 전모를 다 드러내기 마련이다.

불교는 우리가 살고 있는 현재 이 자리에서 힘 있게 고동쳐야 한다. 부처님의 가르침이 힘들고 괴로워하고 방황하는 이 삶의 현장에서 우리들에게 갈 길을 제시하고 인도해 줄 때 그 말씀은 이 세상에 펄펄 뛰는 물고기처럼 활발발하게 살아 움직일 것이다.

사람들은 하루하루 힘들고 버거워한다. 나와 주변을 옥죄고 들어오는 삶의 무게와 짐이 우리를 힘들고 지치게 한다. 막혀 있어 괴롭고 힘에 버거워 괴롭다. 그 막힌 곳, 힘든 곳을 뚫어주는 것이 수행이다.

그래서 이 책에서는 수행의 목적과 가치, 여러 가지 수행 방법, 그리고 생활 속에서 그것을 어떻게 실천해야 하는가를 하나하나 여러분들과 함께 풀어가고자 한다. 사람들이 어디에 걸려 괴롭고 두려워하고 있는지, 그것으로부터 해탈하는 길은 어디에 있는지 얘기해 볼 것이다.

필자는 수행의 대가는 아니다. 다만 행복하게 살고자 수행의 길로 접어드는 초보 수행자들에게, 그리고 수행에 대해 막막해 하는 사람들에게 그 길로 어떻게 잘 접어들어 갈 수 있는가를 차근차근 제시해 줄 수 있을 뿐이다.

불교에는 전통적으로 내려오는 여러 가지 수행법이 있다. 정말 일일이 열거하기 힘들 정도로 수행법이 다양하다. 이것은 우리 불교만이 간직하고 있는 소중한 자산이다. 간화선·염불·주력·간경 등의 전통적인 4대 수행법을 비롯해 절 수행법과 위빠사나를 비롯한 다양한 관법이 있다. 나아가 여러 가지 응용수행 프로그램이 전개되고 있다.

이러한 수행법을 실천함으로써 생활 속에서 수행하는 불자들이 늘어나 하루하루 건강하고 활기찬 생활을 해 나간다면 그것은 진정으로 멋진 일이 아니겠는가. 그리고 그러한 사람의 향기가 주변에 퍼져 세상을 아름답게 할 때, 이웃들이 그 사람을 본받아 불법을 믿고 수행해 나간다면 포교 또한 저절로 이루어질 것이니 얼마나 좋고 신명나는 일이겠는가.

위빠사나 수행

염불 수행

절 수행

간경 수행

주력 수행

생활수행으로 가는 길

수행이란 무엇인가

1

수행이란 무엇인가?

수행이란 몸과 마음을 닦는 것이다. 그럼 왜 닦는가? 오염되어 있기 때문에, 탁하기 때문에 닦는다. 걸리고 막히고 매사가 잘 안 풀리고 꼬이고 답답하기 때문에 그것들을 풀기 위해 닦는다.

그렇다면 왜 걸리고 막히는가? 마음대로 되지 않고 일이 순조롭게 풀리지 않기 때문이다. 그 원인은 마음이 불안한 탓이다. 마음이 왠지 모르게 허전하고 안정이 되지 않아 무엇엔가 걸려 있으니 일이 제대로 풀려나갈 리가 없다. 탁 트여 있지 못하고 강박관념에 쌓여 집착하고 있으니 평화로울 리가 없다. 내 중심적인 사고에 꽉 막혀 있으니 나 자신은 물론 주변을 제대로 보지 못하는 것이다.

사실 나와 주변을 막히게 하는 것은 내가 지은 행위의 과보에 그 원인이 있다. 그것이 내가 전생에 지은 과거의 행위이든, 아니면 방금 전에 상대방에게 지은 행위이든, 그러한 행위로 말미암아 내 마음이 무엇엔가 걸리는 것이다. 집안에서의 사소한 문제로 인한 부부간의 말다툼, 또는 직장에서 동료들 간의 불편한 언사로 말미암아 내 마음이 걸리는 것이다.

그런데 문제는 바로 그때 마음을 쉬어주거나, 스스로 돌이켜봐야 하는데, 그게 안 된다. '욱' 하는 자신의 감정을 조절하지 못하고 자기중심적인 생각에 매몰되다 보니, 급한 마음으로 버럭 내질러 사태가 더 악화되는 것이 다반사다. 손으로 막을 것을 가래로 막고 나중에는 막을 수도 없는 지경에 이른다. 그래서 그것이 업으로 쌓이고 원한으로 쌓여 깨기 힘든 업장이 되고 만다. 세상의 이치가 그렇지 않은가? 그것을 푸는 방법이 선(禪)·관법·간경·염불·주력·사경·절·위빠사나 등의 수행법이다.

업이 쌓여 자기의 앞길을 답답하게 가로막는 것은 탐욕과 화 그리고 어리석음이라는 세 가지 독소 때문이다. '나'

'내것'으로 소유하고자 하는 욕심, 끝없이 전개되는 욕망, 채울 수 없는 탐심, 이것 때문에 우리는 주변 사람들과 갈등을 빚는다. 아니 사람들과 갈등을 빚는 것은 그렇다 치더라도 더 안타까운 것은 채워지지 않는 욕심으로 인하여 내 것으로 여겼던 부귀와 명예 등등이 떠나갔을 때의 정신적인 공황과 허무감이 더 심한 고통으로 자리잡는다.

또한 자기중심적인 생각 때문에 욕심이 과하여 일이 뜻대로 되지 않거나 순조롭게 전개되지 않을 경우, 참을 수 없는 마음에 화가 불같이 일어난다. 화가 일어나면 또 상대방과 언쟁이 붙고 거기에 또 마음이 걸리기 마련이다. 궁극적으로 이러한 불편한 관계가 생기는 것은 나를 허공처럼 바라보지 못하는 어리석음과 무지 때문이다. 사실 허공과 같은 큰마음만 지니고 있다면 자기중심적인 욕심이나 그것이 채워지지 않아서 생기는 화도 아예 발생하지 않을 것이다.

여하튼 세 가지 독소 때문에 우리는 걸리고 괴롭고 마음이 불편한 것이다. 이 세 가지 독소를 치유하는 방법은 이렇다. 탐욕은 청빈하고 맑고 깨끗한 생활인 계(戒)로, 화는 급히 올라오는 마음을 잠재우는 깊은 선정(禪定)으로, 어리석음은 자신을 무아요 공으로 보는 지혜(智慧)로 다스린다. 바로 계(戒) · 정(定) · 혜(慧) 세 가지 공부로 탐(貪) · 진(瞋) · 치(癡) 세 가지 독소를 다스리는 것이 수행이다.

탐욕이 올라올 때, 화가 올라올 때 일단 마음을 쉬고 마음을 멈추라. 이것이 생활 수행의 첫번째 요건이다. 염불로, 화두로, 간경으로, 주력으로, 호흡으로 마음을 멈추라. 업에 끌려가는 흐름을 단절하라.

2

왜 수행을 해야 하는가?

수행의 궁극적인 목적은 깨달음이다. 깨달음, 그것은 선 (禪)적으로 말해서 나의 본래 모습을 보는 것이다. 나의 본래 모습, 자신의 참모습은 어디에도 걸리지 않는 자유로운 부처의 모습이다. 그것은 지극히 행복하고 평화로운 모습이기도 하다. 수행을 통해서 우리는 이 영원히 행복하고 평화로운 모습을 확인하면서 궁극적으로는 그것을 완전히 회복하는 것이다. 아니 궁극적인 깨달음까지는 가지 못하더라도 적어도 마음의 평화와 행복을 누릴 수 있다.

또한 깨달음과 진정한 행복, 마음의 평화는 분리될 수 없다. '나'와 '대상'에 대한 집착이 쉬어지면서 편해지고 여유로워 행복에 잠긴다는 것은 나를 옥죄고 들어오는 장애에서 자유롭다는 것이다. 그리고 완전한 걸림 없는 자유, 그것이 해탈이고 깨달음이다.

수행을 통해 아상(我相)을 소멸하면 조작과 시비가 없어지고 착각과 망상이 사라져 나와 세상을 있는 그대로 보게 되기 마련이다. 마음이 쉬어지고 여유로워져 세상을 넓고 깊게 보니 세상의 돌아가는 이치가 보이고 남들과 걸리지 않게 되며 함께 사는 아름다움을 느낀다. 조급함과 조바심은 물론 근심 걱정이 없어 하루하루가 즐겁고 편안하다.

또한 수행을 통해 마음의 병을 고친다. 마음과 육체는 분리될 수 없다. 따라서 육체의 병도 마음을 어떻게 다스리고 관리하느냐에 따라 치유의 효과를 지닌다. 육체의 병은 마음의 스트레스에 많이 좌우되고 있다는 것이 임상실험을 통해 밝혀지고 있다. 암의 원인도 스트레스라고 한다. 스트레스에 시달리면 우리 몸은 실제로 녹이 슬어 제 기능을 못하게 된다. 그렇게 되면 신체를 보호하는 면역력이 급격하게 저하되고 최악의 경우 암에 걸린다는 것이다.

수행을 통해 몸과 마음을 이완시킨 결과 만성적인 통증 · 불안 · 신경증 · 우울증 · 편두통 · 고혈압 · 심장병,

심지어 에이즈까지 병에 대한 증상이 눈에 띄게 경감되거나 치료되는 것이 관찰된다고 한다. 몸과 마음을 이완하여 부드럽고 유연하게 해 주면 신체 기능이 활력을 되찾는다.

수행 혹은 명상하는 사람의 뇌 속에는 산화질소가 분출되고 그것이 뚜렷하게 관찰된다. 산화질소는 창의성이나 직관, 통찰과 연결되어 있다. 이 산화질소가 기체로 활동하면서 온몸과 중추신경계를 돌아다니면서 기억과 학습을 증진시키고 도파민과 엔도르핀 같은 신경 전달물질 방출을 촉진해 안정감을 느끼고 최상의 신체적 쾌감을 돕는다고 한다. 우리나라 명상치료의 대가인 장현갑 교수는 그렇게 말한다.

수행하는 사람이 이상이 없어지지 않으면 오히려 그것은 병이다. 일종의 수행병이다. 수행병에 걸리면 자신을 숙일 줄 모르고 수행법의 테크닉만 길들여 아만만 치성하다. 수행하는 사람들 중에 이런 병에 걸린 사람이 의외로 많다. 조심하고 조심할 일이다. 수행하는 사람은 '나' 라는 생각이 떨어져 나가야 한다. 집착에서 멀어지고 자유로워져야 하며 몸과 마음에서 향기가 나야 한다.

3...
선이란 무엇이며
무엇을 추구하는가?

선(禪)이란 무엇인가? 지금까지 선에 대한 정의는 많이 있었지만, 그 개념 설정이 모호했던 것은 사실이다. 그래서 이 자리에서는 선의 의미와 그 목적에 대해 정확히 말해 두겠다.

선은 산스크리트어 '드야나(dhyana)'에서 나온 말로 깊이 사유하면서 닦아간다고 하여 사유수(思惟修)라고 뜻 번역되었다. 그런데 이 '사유한다'는 말이 문제다. '사유'라고 한다면 그것은 이성적인 생각을 말한다. 이성적인 생각은 너와 나, 시비와 선악을 따지고 들어가는 것이다. 그것은 일상적인 사람들의 두뇌작용이다. 그러한 작용은 매우 타산적이며 때로는 간교하기 때문에 고통을 수반하기 마련인데 그것이 어찌 선이며 수행이 될 수 있겠는가?

그렇다면 여기서의 사유는 이성적인 생각이 아니다. 그것은 어느 한 대상에 깊이 집중해 들어가는 마음의 작용을 말한다. 온몸과 마음을 기울여 한 대상에 집중하다 보면 생각의 작용이 그치고 아주 고요한 상태로 들어간다. 안과 밖이 혼연일체가 되어 어떤 소리나 형태의 움직임에도 흔들리거나 흐트러지지 않고 태산같이 우뚝한 상태가 된다. 주변에서 아무리 화를 내고 짜증을 내도, 견디기 힘들고 참을 수 없는 상황이 전개되더라도 내가 거기에 끄달려 마음의 평정을 잃지 않는다. 그러한 상태를 삼매(三昧)라 하고 이를 정(定)이라 번역한다. 그렇게 심신이 태산같이 우뚝 서면 마음이 고요하고 맑아져 명경지수 그 자체가 된다.

가을 산길을 거닐다가 맑게 고여 있는 물을 바라보라. 그 맑고 고요한 물에 주변의 나무며 하늘에 떠가는 흰구름, 아름다운 새들의 모습이 그대로 투영되어 있는 그대로 드러난다. 마음도 마찬가지다. 마음이 고요하게 안정되면 나 자신의 생각과 행동은 물론이요 주변의 모든 것들이 있는 그대로 드러나기 마련이다. 그러면 있는 그대로 보게 된다.

있는 그대로 보므로 행동이 자유롭고 마음에 걸림이 없게
된다.

다시 말해보겠다. 선이란 온 마음을 기울여 어느 한 대상
에 깊이 집중해 들어가면서 닦는 것이며, 그렇게 닦아나가
다 보면 삼매의 상태에 이르러 진리와 현실을 있는 그대로
보고, 있는 그대로의 사실을 깨달아 체현(体現)하는 것이
다. 그것이 바로 깨달음이다.

선은 이렇게 있는 그대로 현실을 가감 없이 보고 그 자체
가 되어 버리는 것이며, 그렇게 되기 위해 나 자신의 본래
모습으로 돌아가는 수행이다. 나의 본래 모습, 그것을 성
품이라 하고, 주인공이라고도 하며, 한 물건이라고 한다.
나의 본래 자리로 돌아가면 있는 그대로의 모습대로 조작
하지 않고 보기 때문에 두려움 없이, 걸림 없이, 당당하게
살아가며 하루하루 좋은 날이 전개된다.

그런데 본래 모습, 부처로서의 모습은 누가 만든 것이
아니다. 본래 누구에게나, 그 무엇에게나 갖추어져 있는
것이다. 조사선(祖師禪)에서는 그 누구에게나 갖추어져 있
는 본래 모습을 조작과 시비를 떠나 일상 속에서 분명히 보
라고 강조한다. 바로 이 자리에서 말이다. 바로 지금(即

今), 바로 이곳(當處)에서 호호탕탕하게 거닐라고 말한다.

간화선(看話禪)은 이 조사선의 정신을 이어받아 모든 사유의 작용을 곧바로 차단하는 화두를 들고 내가 본래 부처임을 확인하는 수행이다. 모든 생각의 끝자락, 온갖 말의 흔적까지 틀어막는 화두를 마음 중심에 딱 자리잡게 해 화두와 내가 혼연일체가 되어 삼매의 상태에서 내가 추호도 다름이 없는 부처임을 구현하는 것이다.

우리나라에서 '선(禪)' 하면 간화선을 말한다. 선은 또한 '선에 들어간다'라고 하여 참선(參禪)이라 하고, 참선하면 좌선(坐禪)한 상태에서 닦기 때문에 좌선 또한 선이라 부른다. 그래서.참선·좌선·선을 통칭하여 구별 없이 쓰며, 여기서 선이란 간화선을 일컫는다고 보아도 무방하다.

그러나 세분해서 말하면 선에는 간화선을 비롯하여 여러 가지 선의 종류가 있으며, 좌선은 그 여러 가지 선을 실천하는 기본적인 수행법이다.

4

좌선, 어떻게 하는가?

앉아서 수행하는 것을 좌선(坐禪)이라 한다. 앉아서 선에 들어간다는 의미다. 본래 선이란 움직이거나 머물러 있거나 앉거나 눕거나 하는 '행주좌와(行住坐臥)'에도 가능하며, 말하거나 침묵하거나 움직이거나 가만히 있거나 하는 '어묵동정(語默動靜)'의 순간에도 빛을 발해야 한다. 혜능선사는 《육조단경(六祖壇經)》에서 좌선에 대해 이렇게 말한다.

밖으로 모든 경계에 생각이 일어나지 않는 것을 좌(坐)라고 하고, 안으로 자성(自性)을 보아 어지럽지 않는 것을 선(禪)이라 한다.

― 《육조단경(六祖壇經)》 〈좌선품(坐禪品)〉

혜능선사는 우리가 말하고 밥 먹고 일하며 생활하는 가운데 어떤 좋고 싫은 상황에도 생각이 요동치지 않고 굳건한 상태를 '좌'라 일컬으며, 내 자신의 고요하고 밝은 마음자리를 비추어 보고 어지럽지 않고 평정한 상태를 선이라고 강조하고 있다. 즉 선은 주변의 상황에 동요되지 않고 자신의 내면을 들여다보고 고요하게 깨어 있는 것이다. 그 반석 같은 마음자리에 서서 얽매이거나 흔들림이 없이 자유롭게 행한다. 그러나 앉아서 하는 것이 가장 안정적이며 쉽게 삼매에 들 수 있기 때문에 좌선을 기본으로 하는 것이다. 이렇게 좌선을 통해 선정의 힘을 길러 언제 어느 때나 선의 세계로 들어갈 수 있어야 한다.

그리고 좌선은 화두를 들고 공부할 때나 그 밖에 위빠사나나 염불, 주력 등 어떤 수행을 할 때도 우리가 갖추어야 할 기본적인 자세임을 알았으면 좋겠다. 좌선을 잘하기 위한 효과적인 방법을 제시해 보겠다.

(1) 왜 자세를 잘 갖추어야 하는가

좌선을 잘하기 위해서는 먼저 몸의 자세를 바르게 하고 잘 길들여야 한다. 바른 자세에 바른 정신이 깃드는 법이다. 몸이 바르면 마음도 바르다. 물론 그 반대도 타당한 말이지만 우선 자세를 잘 가다듬어 바르게 앉아 있어야 한다. 바른 자세를 익혀야 집중력은 물론 지구력도 향상되기 때문이다.

활쏘기 연습하는 것을 보면 초보자나 고수나 활시위를 잡아당기는 것은 똑같다. 다만 흔들리지 않는 자세와 호흡, 순간의 선택에서 차이가 날 뿐이다. 고수가 되려면 기본자세를 잘 갖추도록 연습해야 한다. 자세를 익혀 그것이 몸에 자연스럽게 배도록 해야 한다. 어디 활쏘기뿐이겠는가? 검도도 마찬가지다. 어떤 스포츠든, 어떤 예능이든 기본이 확고하게 자리잡혀야 한다. 좌선 역시 이러한 원리에서 벗어나지 않는다.

비록 처음에는 자세에 신경 쓰느라 힘이 들겠지만, 모든 일은 시작이 중요하고 기초가 바르게 된 후에 좋은 결과를 기대할 수 있다. 바르고 안정적인 자세야말로 좌선의 기초가 된다.

(2) 좌선이란 집중이면서 동시에 이완이다

집중과 이완은 좌선의 원리다. 그것은 또한 수행의 원리이기도 하다. 좌선하면 무엇엔가 한 군데 집중하는 것만으로 알고 있는 사람이 많다. 그러나 그렇지 않다. 집중하면서 동시에 몸과 마음이 편하게 이완되어야 한다. 선이란 몸과 마음을 자유롭게 하는 것이다. 몸도 편하고 마음도 편하게 하는 것이다. 그래서 몸과 마음이 부드러워져야 한다. 그렇게 몸과 마음이 부드러워지면서 집중하는 것이다.

그래서 좌선할 때는 모든 근육을 이완시키고 모든 무거운 마음을 내려놓는 것이 중요하다. 모든 근심 걱정을 내려놓고 힘을 쭉 빼면서 몸도 텅 비우고 마음도 텅 비우는 것이다. 그렇게 몸과 마음이 편해져서 가볍고 경쾌해지면 좌선하는 재미도 쏠쏠하다. 집중한다고 하여 어깨나 눈, 그 밖에 근육에 힘이 가고 억지로 기를 쓰면 오히려 탈이 나고 좌선이 어렵게 느껴질 것이다.

자연스럽게 몸과 마음에 힘이 빠져야 비로소 잘 앉게 되는 것이다. 운동도, 운전도, 그 이외의 어떤 것도 숙달되면 힘이 안 드는 이치와 같다.

(3) 좌복을 마련하여 그 위에 앉는다

좌선할 때 앉는 방석을 좌복(坐服)이라 한다. 좌복이라 부른 까닭은 선방에서 수행자들이 그 위에 앉아서 좌선하다가 밤이 되면 이것으로 덮고 자는 등 마치 어느 때나 간직하는 옷처럼 사용했기 때문이다.

여건이 허락하면 큰 좌복과 작은 좌복을 각각 준비한다. 큰 좌복을 깔고 그 위에 엉덩이 부분에 작은 좌복을 얹어 엉덩이를 받쳐서 몸을 편안히 하고 앉는다. 좌복이 한 장일 때는 좌복의 뒷부분을 1/3정도 접어 엉덩이 쪽을 높게 한다. 엉덩이 쪽이 다리 쪽보다 약간 높아야 다리가 덜 아프고 안정적인 자세를 유지할 수 있다. 사람마다 신체구조가 다 다르기 때문에 방석의 높이는 자신의 체형에 맞게 적절히 조절한다. 앉았을 때 양 무릎이 바닥과 뜬 틈이 없이 바닥에 닿고 허리가 곧게 펴지며 균형이 잡혀야 좋다. 시중에는 좌선용으로 특별하게 고안된 좌복도 있으니 그것을 활용할 수도 있을 것이다.

(4) 좌복 위에서 가부좌를 한다

좌복 위에 앉아서 결가부좌하는 것이 원칙이지만 반가부좌도 무방하다. 반가부좌도 할 수 없을 경우에는 편안하게 앉되 반드시 허리를 곧게 펴도록 한다.

결가부좌는 부처님께서 깨달을 때 취했던 자세라고 해서 여래좌(如來坐)라고 한다. 사찰 법당 정면에 부처님이 앉아 계신데, 그 다리 모습이 결가부좌이다. 그것은 왼쪽 다리를 오른쪽 허벅지 위에 올려놓고 오른쪽 다리를 왼쪽 허벅지 위에 엇갈려 올려놓는 자세이다. 그 반대도 가능하다. 요령은 한쪽 발바닥을 위로 하여 다른 쪽 허벅지 위, 몸쪽 가까이에 올려놓으며 발등은 허벅지 위에 닿게 한다.

인도에서는 결가부좌를 가장 원만하고 편안하게 앉는 자세로 여겼다. 결가부좌는 다리를 엮는 순서에 따라 두 가지로 나눈다. 오른쪽 다리가 왼쪽 허벅지 위에 있으면 항마좌(降魔坐)라 하고 왼쪽 다리가 오른쪽 허벅지 위에 있으면 길상좌(吉祥坐)라 한다.

인도에서는 오른쪽은 청정하고 왼쪽은 부정하다고 여긴다. 오른손으로만 식사를 하고 왼손은 용변을 본 뒤에 뒷물을 한다. 그래서 청정한 오른쪽으로 부정한 왼쪽을 눌러 마군의 항복을 받는다고 해서 항마좌라 했다. 그러나 중국에서는 문화의 차이로 그러한 모습이 뒤바뀐다. 중국 음양사상에 따르면 오른쪽은 양(陽)이고 용(用)이며 움직이는 특징을 지닌다. 왼쪽은 음(陰)이고 체(体)이며 고요한 특징을 지닌다. 그러므로 안정된 수행을 하기 위해서는 고요한 특징을 지닌 왼쪽발로 동적인 오른쪽 발을 눌러 안정을 취하는 것이다.

우리나라에서는 길상좌든 항마좌든 어느 한쪽으로 치우치지 않고 둘 다를 활용하고 있다. 한쪽으로만 반복해서 앉으면 몸의 균형이 어긋나 오히려 건강을 해칠 수 있다. 그러므로 번갈아가면서 발의 위치를 바꿔 앉아야 신체의 균형을 유지하게 된다.

또한 참선할 때의 가장 바른 자세는 결가부좌이지만 결가부좌가 잘 되지 않는 사람은 반가부좌를 해도 된다. 반가부좌는 한쪽 다리를 들어 사타구니 안쪽으로 깊숙이 붙여놓고, 다른 쪽 다리를 반대편 허벅지 위에 올려놓는 것이다. 이때는 몸의 균형을 잡기 위해 한쪽 다리를 퇴음부 가까이에 깊게 찔러놓으면 안정적이다.

결가부좌를 하면 뒤에서 밀어도 넘어지지 않을 정도로 안정적인 자세다. 그러나 동양 사람들은 다리 길이가 짧아 결가부좌하기가 쉽지 않다. 그래서 결가부좌가 안 되는 사람은 반가부좌를 해도 무방하다.

(5) 손 모양을 갖춘다

발의 자세를 바로 한 다음 손의 자세를 갖춘다. 배꼽 아래 단전 부위에 양 손을 포개서 다리 위에 얹는데 손을 포개는 순서는 다리를 포갠 순서와 같아야 한다. 왼쪽 다리가 오른쪽 허벅지 위에 있을 때는 오른손을 밑에 놓고 왼손은 그 위에 포개어 가지런히 한다. 그런 다음 양 엄지손가락이 서로 맞닿도록 한다. 만약 오른쪽 다리가 왼쪽 허벅지 위에 있을 때는 손도 바꾸어서 왼손을 밑에 놓고 그 위에 오른손을 포개 놓고 가지런히 양 엄지손가락이 서로 맞닿도록 한다. 그렇게 양 손의 엄지손가락을 맞닿도록 하여 동그랗게 오므린 후 자연스럽게 다리 위에 놓는 것이다.

이렇게 동그랗게 하여 양 엄지를 서로 마주 대는 것을 법계정인(法界定印) 혹은 선정인(禪定印)이라 한다. 법계정인이란 진리의 세계인 법계로 들어가는 선정의 자세라는 의미다. 마음을 한 곳에 모아 삼매의 경지에 들어가기 때문에 그렇게 부른 것이다. 또한 이러한 손의 모양을 선정인이라고도 하는데, 좌선할 때 잡념이나 여러 가지 망상이 올라오면 그 생각을 두 손으로 동그랗게 오므린 그 속으로 집어넣어 사라지게 해 선정에 들어가기 때문이다.

손 모양을 갖추는 요령은 이렇다. 손 모양으로 법계정인을 한다. 두 손을 가슴까지 올렸다가 힘을 빼고 다리 위로 툭 떨어뜨린다. 그렇게 어깨와 팔에 힘이 들어가지 않는 가장 편안한 자세를 취하면 된다. 두 손의 엄지는 서로 붙어서 떨어지지 않을 정도로만 가볍게 힘을 준다. 긴장하여 양 엄지손가락에 힘을 주거나 손 모양을 좋게 하려고 억지로 신경 쓰면 그쪽으로 힘이 가면서 정신을 집중할 수가 없다. 또 다른 손의 자세로는 양 손바닥을 위로 한 채 양 허벅지 위에 자연스럽게 올려놓기도 한다.

(6) 허리는 곧게 펴되 힘은 뺀다

허리를 곧게 편다. 몸이 왼쪽으로 기울거나 오른쪽으로 치우쳐서도 안 되며, 앞으로 구부러지거나 뒤로 젖혀져서도 안 된다. 중요한 것은 귀와 어깨가 나란하고, 코와 배꼽이 일직선이 되도록 한다. 혹은 끈으로 머리를 잡아당긴다는 기분으로 허리를 곧게 편다.

허리를 곧게 펴는 요령은 일단 허리를 앞으로 구부렸다가 그 다음에 허리를 펴고 서서히 올라온다. 올라올 때 구부정하게 올라오면 안 된다. 허리를 쫙 편 상태로 올라온

후 머리 위에서 무언가가 머리를 위로 끌어당기는 기분으로 허리를 쭉 펴야 한다. 그런 다음 허리를 좌우, 앞뒤로 구부려 보면서 자세를 바로잡는다.

좌선이 진행중일 때도 늘 자신의 자세를 스스로 살펴야 한다. 좌선하는 동안 왼쪽으로 기울지는 않았는지, 오른쪽으로 치우치지는 않았는지, 또는 앞으로 구부러져 있는지, 아니면 뒤로 젖혀져 있는지를 살펴야 한다. 뿐만 아니라 몸에 힘이 너무 들어가 있는지, 얼굴은 인상을 쓰고 있는지, 손에 힘이 들어가 있는지 살피고 또 살펴야 할 것이다.

흔히 처음 참선할 때 몸이나 손, 얼굴 등에 힘이 너무 들어가 경직되어 보이는 경우가 많다. 너무 힘을 주고 똑바로 앉으려고 하다 보면 몸에 힘이 들어간다. 힘이 들어가면 굳어지고 경직된다. 이렇게 긴장한 상태에서 좌선을 하면 몸이 경쾌하고 편안해지는 것이 아니라 오히려 몸의 여기저기가 아프고 쑤신다. 그러므로 좌선하는 도중에 자신의 신체를 살피고 또 살펴서 자꾸 고쳐나가야 한다. 처음 좌선할 때 자세를 바로잡지 않아 굳어지면 고치기 어렵다. 힘을 빼고 자연스럽게 해야 한다. 찌푸린 얼굴을 하고 인상을 가득 쓰고 어깻죽지가 올라간 상태에서 좌선하는 경우가 있는데 이는 좋지 않은 자세다. 입으로 가볍게 미소를 띠고 온화한 표정으로 좌선하면 좋다. 평화로움이 깃들듯 말이다.

(7) 입은 부드럽게 다물며 혀는 말아서 동그랗게 해서 입천장에 붙인다

입 모양은 억지로 힘을 주어 꽉 다물지 말고 부드럽게 살짝 다문다. 혀를 동그랗게 말아서 입천장에 붙인다. 그 이유는 좌선을 하다 보면 입에 침이 고이게 되는데 입에 침이 고이면 침을 삼키는 소리가 나서 자신은 물론 주위를 소란스럽게 한다. 정적의 순간에 '꼴까닥' 하며 침 삼키는 소리는 나 자신은 물론이요 주변을 방해한다. 이를 방지하기 위해 혀를 입천장에 붙이는 것이다.

(8) 눈은 반 정도 뜬다

좌선할 때 눈을 감지 말아야 한다. 옛 스승들은 눈감고 참선하는 자를 어두운 귀신굴(黑山鬼窟)에 들어가는 것과 같다고 했다. 눈을 감으면 마음이 고요하고 정신이 집중되는 듯하지만 금방 졸음이나 잠에 떨어지기 쉽기 때문이다. 반면에 눈을 크게 뜨면 시야가 넓게 열려 보이는 사물들 때문에 주의가 산만해지고, 의식이 내면으로 향하기 어렵다. 그러므로 눈은 편안하게 긴장을 푼 상태에서 반만 뜨도록 한다. 법당에 앉아 있는 부처님의 시선처럼 반개(半開)하는 것이다. 그렇게 반개하면 시선이 자연히 아래로 떨어진다. 그렇게 해서 자신의 내면을 살펴보는 것이다. 예외적으로 잠시 입정에 들거나 숙달된 분은 눈을 감아도 무방하다. 그렇지 않은 경우는 반개한 상태로 좌선을 진행하는 것이 옳다.

(9) 눈의 시선은 1~2미터 정도 앞에 고정시킨다

시선을 한 곳에 고정시키는 이유는 시선이 고정되지 않으면 시선과 마음이 오락가락하여 마음을 붙들어 매 집중하기 어렵기 때문이다. 시선을 1~2미터 앞의 한 점에 고정시킴으로써 거기에 몸과 마음을 꽉 매어두는 것이다. 그러나 시선을 한 점에 고정한다 해서 뚫어지게 긴장하여 쳐다보면 눈이 충혈되고 쉽게 피로를 느끼게 되므로 부드럽게 시선을 갖다 둔다는 기분으로 한다. 그렇게 어깨와 눈을 비롯한 모든 긴장을 빼고 한 점을 30분 정도 응시하게 되면 그 응시한 지점에서 빛이 나온다.

그리고 눈이 아프거나 눈물이 나면 잠시 눈을 감았다 뜨도록 한다. 그렇게 해서 잠시 눈을 감고 쉬었다가 다시 한 점에 시선을 붙들어 맨다.

(10) 10분이나 30분 정도를 출발점으로 해서 차츰차츰 좌선 시간을 늘려가라

좌선 시간은 보통 50분이 기본이지만, 초보자에게 무리한 시간일 수 있다. 그러므로 최종적으로 50분 좌선이 익숙해질 때까지 10분 또는 30분 동안 좌선을 하고 그것이 숙달되면 점차 시간을 늘려나간다.

(11) 편안하고 손쉬운 기초 참선법

좌선한 상태에서 쉽게 삼매에 들 수 있는 법이 내려놓기이다. 가부좌를 하고 몸과 마음의 모든 집착의 끈을 놓는 것이다. 떠오르는 모든 생각과 망상, 고통, 긴장 등을 법계정인을 하고 있는 단전 부위에 모두 내려놓는 것이다. 떠오르면 떠오르는 대로 그것을 머릿속으로 간직하지 말고 그 모든 것을 쑥쑥 내려놓는다. 그렇게 한참을 하고 나면 몸과 마음이 시원해지고 뻥 뚫린 느낌을 받으며 기가 온몸을 자연스럽게 순환하게 된다.

그리고 호흡을 하면서 들숨에 밝은 기운을 온몸으로 서서히 받아들이고 날숨을 내쉬면서 모든 고뇌와 잡념을 내보낸다. 그렇게 하면서 살포시 미소를 지어본다. 이렇게 해서 안정이 되면 그 상태에서 화두를 들기도 하고 주력을 지송하기도 하며 호흡에 집중해 보기도 하면서 수행길을 가면 된다.

(12) 좌선이 끝나면 몸을 풀어준다

좌선을 마치는 것을 방선(放禪)이라 한다. 방선을 알리는 죽비소리를 들으면, 좌선이 끝났음을 알아차리고 몸과 마음을 풀어준다. 몸을 천천히 움직이되 먼저 목을 앞과 뒤, 좌우로 움직여 준 뒤 어깨, 손의 순서대로 움직여 준다. 다음에 두 발을 천천히 움직여 부드럽게 하며 양 다리를 두드려 주거나 양 무릎을 곧추세운 뒤 양 팔로 무릎을 감싸안는다. 이어 양 손바닥을 문질러 따뜻하게 두 눈을 살짝 덮는다. 그 밖에 다양한 요가 자세로 뭉쳐있거나 긴장된 근육을 풀어준다.

간화선

1

간화선이란 무엇인가?

우리나라에서 선을 말할 때 그것은 간화선(看話禪)을 일컬을 정도다. 그런데 그 실상을 보면 간화선을 제대로 알고 있는 사람이 매우 드물다. 그리고 때로는 간화선이 잘못 이해되고 오용되어 비판을 받기까지 하는 어처구니없는 상황이 벌어지기도 한다. 그렇다면 간화선이란 무엇인지 제대로 알아보도록 하자.

간화선(看話禪)은 한자 뜻 그대로 볼 간(看) 자, 말 화(話) 자를 합친 것으로 말을 간(看)하는 선이라는 뜻이다. 여기서 말이란 화두를 말한다. 그렇다면 간화선은 화두를 보는 선인 것이다. 화두는 나중에 소개하기로 하고, 우선

'본다' 는 의미의 '간(看)' 부터 살피겠다.

'간' 이란 대상을 그냥 스치는 듯 보는 것이 아니다. 깊이 들어가 온몸과 마음으로 바닥까지 꿰뚫어 보는 것이다. 아주 투명하게 투시하는 것이다. 자신의 성품을 곧바로 보고 깨닫는다는 견성성불(見性成佛)의 그 성품을 보는 견(見)의 구조 역시 정확하게 본질을, 핵심을 꿰뚫어 보는 것이다. 그렇다면 간화선의 그 간화는 화두가 마음의 중심에 자리잡아 화두를 또렷또렷하게 보고 깨어 있는 것을 말한다. 그래서 화두와 하나가 된 상태가 간화이며, 그 간화를 통해 자신의 본래 모습을 보는 것이 간화선이다.

간화선에서 보통 화두(話頭)를 든다고 한다. 화두를 든다고 할 때 그것의 한자말은 거화(擧話)이다. 거화란 화두를 들어 올린다는 뜻이다. 그렇다면 어디에 화두를 들어 올리는가? 바로 마음의 중심에 들어 올리는 것이다. 밤 하늘에 떠 있는 둥그런 밝은 달처럼, 온몸과 마음에 화두 하나만 뚜렷이 걸려 있는 모습이다. 그렇게 화두가 들려 있으면 화두와 내가 온전히 하나가 되어 화두와 나와의 구별이 사라진다. 화두가 나요, 내가 화두이다. 그래서 화두가 하자는 대로 몸과 마음이 움직이면 된다. 화두가 하자는 대로 움직이면 우리는 자연이 속삭이는 말에 깨어 아무런 조작도 없이 자연과 하나가 되어 움직이게 된다.

화두를 참구(參究)한다는 것도 같은 의미다. 그것은 화두를 객관적인 대상으로 분석하여 헤아려 보는 것이 아니라 그 화두 속으로 사무치게 들어가는 것을 말한다. 화두의 밑바닥까지 철저하게 들어가 화두와 나 사이에 추호도 빈틈이 없어, 화두 외에는 어떤 생각도, 어떤 느낌도 끼어들지 못하는 것이다.

화두 공부를 한다는 말도 있다. 이것 역시 화두를 참구한다는 뜻이다. 공부란 머리로 하는 것이 아니라 온몸과 마음으로 익혀야 한다. 화두가 익어 화두가 몸에 착 달라붙는 것이 화두 공부의 진정한 의미이다.

흔히 간화선은 어렵다고 한다. 화두를 드는 수행이 다른 수행법보다 힘들고 벅차다고 한다. 화두를 드는 순간 온갖 망상이 비집고 일어나 화두가 마음의 중심에 잘 걸리지 않는다고 한다. 왜 그런가? 그것은 화두가 무엇이고 어떻게 화두를 들고 나가는지 잘 모르기 때문이다. 잘 모르기에 화두에 온 마음을 기울일 정도로 마음이 간절하지 못하기 때문이다. 화두를 들어 나와 화두 사이에 빈틈이 없으려면 정

말 차분한 집중력과 끈질긴 힘을 요구한다. 그러나 일단 화
두가 마음에 걸렸다하면 그 강력한 힘 때문에 곧바로 화두
속으로 질러 들어가 우리들의 간계한 이성의 작용을 바닥
에서부터 부수어버린다. 궁극적으로 화두가 타파되는 순
간, 그 순간 내가 크게 죽는다. 그렇게 내가 크게 죽을 때
모든 것이 새로워진다.

2

화두의 의미와 역할

화두! 간화선에서 이 화두만큼 중요한 것은 없다. 화두는 나의 목숨이다. 화두는 나의 삶이다. 왜 그런가? 화두의 의미와 그 작용을 알게 되면 '아! 그렇구나' 하면서 무릎을 치게 될 것이다.

화두는 감히 생각으로는 뚫고 나갈 수 없는 관문이다. 그러나 기필코 뚫고 나가야 하는 문이다. 문은 문이되 철벽으로 꽉 막힌 문이다. 조금이라도 흠집을 낼 수도 없다. 그러나 그 문을 열어야만 우리가 살 수 있는 길이 열리는 그런 문이다. 이 문을 통과하지 못하면 깨치지 못하고 현실에 안주하게 된다.

그러나 그 문을 박차고 나가면 천하를 홀로 당당히 걷는 깨친 사람이 된다. 그래서 《무문관(無門關)》에서 무문 혜개(無門慧開) 선사는 말한다.

큰길에는 문이 없다. 그렇지만 길은 또한 어디에나 있다.

이 관문을 뚫고 나가면 온 천하를 당당히 걸어나갈 것이다.

大道無門 千差有路 透得此關 乾坤獨步

- 《무문관》, 〈서문〉

깨달아 걸림이 없는 사람을 선에서는 조사(祖師)라고 한다. 조사가 되려면 이 화두라는 관문을 통과해야 된다. 그래서 화두를 조사관이라고 한다. 그리고 화두는 문 없는 문이다. 왜 문 없는 문이라 했는가? 생각으로 접근하는 길을 철저히 닫기 때문에 문이 없다. 그러나 끝내는 열릴 수밖에 없는 문이기 때문이다. 그래서 그 문을 열어젖히고 나가야 한다고 해서 무문관(無門關)이라고도 하며, "쾅" 하고 열리기 전까지는 닫혀 있는 문이라고 해서 폐관(閉關)이라고도 한다.

이렇게 화두는 철저히 닫혀 있는 문이다. 아무리 열려고 발버둥쳐도 열 수 없는 문이다. 이리 가지도 못하고 저리 가지도 못한다. 죽비를 들고 이것을 죽비라고 해도 안 되고 죽비가 아니라고 해도 안 된다. 소설 《만다라》에서 나오듯, 병을 깨지 않고 병 속에 갇혀 있는 새 구하기다. 그 새는 긍정으로도 부정으로도 그 어떤 생각의 길로도 초능력과 최첨단 장비로도 구할 수 없다. 그렇게 문은 닫혀 있다.

이렇게 화두는 이성적인 판단에서 내린 긍정과 부정의 모든 길을 차단하고 있다고 해서 배촉관(背觸關)이라고도 한다. 여기서 '배'는 부정을 말하고 '촉'은 긍정을 말한다. 부정과 긍정을 모두 닫기 때문에 배촉관이다. 옳다고 해도 걸리고 그르다고 해도 걸린다. 주장자를 주장자라고 하면 그 주장자에 걸려 주장자라는 말에 매몰되고 주장자가 아니라고 해도 벗어난다. 자, 어떻게 할 것인가?

화두는 말길과 생각의 길이 끊어진, 말은 말이되 말이 아닌 것이다. 화두는 이름 붙이기 이전의 본래 모습을 보여준다. 사실 이름과 명칭은 나의 본래 모습을 지시할 수 없다. 이름은 어느 한 측면에서 부분적인 나의 모습 보여주기고, 그것은 전부가 아니며 진실이 아니다. 이름이나 어떤 설명이 붙은즉 곧바로 빗나가고 만다. 입을 연즉 등진다.

개구즉착(開口即錯)이다.

우리가 일상에서 쓰는 말은 상대적인 말이다. 있다/없다, 너다/나다, 가다/오다, 좋다/나쁘다, 크다/작다, 여기/저기 등 그저 이런 식이다. 생각도 마찬가지다. 이 생각 저 생각이요, 시비와 가치판단이 섞인 생각이다. 선과 악, 삶과 죽음, 고통과 즐거움, 아름다움과 추함 등을 나눈다. 그런데 이런 생각과 말은 상대적인 사유작용의 결과로 재고 판단하기 때문에 사물의 본질에 접근할 수가 없다. 어디까지나 얄팍한 내 생각의 범주를 벗어나지 못한다. 접근한다 할지라도 부분적인 진실이요 절반의 진실일 뿐이다. 그것으로는 있는 그대로의 진리를 파악할 수 없다. 생각으로 아무리 따지고 헤아려 봐도 내 자신의 본질에는 접근하지 못한다. 그렇게 해서는 진리의 문을 열 수 없다. 그런 생각과 말길 앞에서 화두라는 문은 철저히 닫혀 있다. 접근할 길이 없다. 말이 차단되고 마음 길이 차단된다. 그래서 언어도단(言語道斷)이요 심행처멸(心行處滅)이라고 한다.

이렇게 모든 생각할 수 있는 길이 막힌 지점에서 진정 그것이 무엇일까 하는 화두에 대한 간절한 의심이 배어나온다. 도저히 그것을 알고야 말겠다는 갑갑함이 치밀어오른다. 그렇게 사무치는 마음, 오매불망 사랑하는 사람을 그리워하는 마음으로 화두를 들어야 화두의 문 안으로 들어설수 있다. 그렇게 화두에 온몸과 마음이 쏠려야 한다. 그럴때 화두는 제 역할을 하는 살아 있는 말로 작용한다. 그것이 활구(活句)다. 화두가 그런 활구로 작용할 때 화두를 들면 이리 저리 따지는 모든 생각이 정지되기 때문에 우리는나의 본래 자리로 들어간다. 그 자리는 생각이 끊어진 무념(無念)의 자리요, 공(空)의 자리이며, 너와 내가 나누어지기 이전의 자리이다. 그것은 나의 진정한 삶의 자리이기도하다. 그래서 그곳에 서면 아주 자연스럽고 생기발랄하다.

화두가 타파되면 꽉 막혀 있던 문은 열린다. 모든 장벽이 와르르 허물어진다. 그러나 화두가 타파되지 않더라도화두와 내가 하나가 된 그 순간은 모든 생각이 정지되기 때문에 평화롭고 행복한 순간이다. 고요하고 안정되며 굳건한 순간이다. 깨달음의 자리에 어느 정도 동참하는 시간이기도 하다. 재가불자나 일반인이 이 정도까지만 가도 생활의 활력을 느낄 수 있으며 갈등으로부터 자유로울 수 있다.

3...
왜 본래 부처임을 믿어야 하는가?

간화선은 본래 부처의 자리에서 수행한다. 본래 부처가 부처임을 보는 것이 간화선이다.

따라서 간화선의 입장에서는 본래 부처이기 때문에 수행할 필요가 없는 것이다. 짐짓 수행한다고 해서 어떤 행위를 한다면 그것은 고요한 대지에 풍파를 일으키는 꼴이요 맨살에 상처를 내는 격이다. 그냥 그대로 부처의 모습이 누구에나 구족되어 있다. 다만 우리가 분별과 망상, 조작과 시비 때문에 그것을 못 볼 뿐이다. 이 분별과 망상과 조작과 시비를 걷어내기 위해서 수행할 뿐이다. 그런데 간화선은 부처의 자리에서 수행한다. 자신이 본래 부처이니, 그 모습을 보라고 옛 조사들은 간절하게 말씀하신다.

성철스님은 부처로서 자기를 바로 보라고 했다. 그 한 대목을 소개한다.

"자기를 바로 봅시다. 자기는 원래 구원되어 있습니다. 자기는 원래 부처입니다. 자기는 항상 행복과 영광에 넘쳐 있습니다. 극락과 천당은 꿈속의 잠꼬대입니다."

누구나 지금 여기 있는 그대로 그대 자신이 본래 부처의 모습이다. 부처의 모습은 돈 많은 재벌에게는 있고 걸인에게는 없는 그런 것이 아니다. 나에겐 있고 너에겐 없는 것이 아니다. 지금은 없다가 나중에 생기는 것은 아니다. 지금 중생놀음을 하고 있는 나에겐 생각조차 할 수 없는 그런 것은 아니다. 어느 누구나 본래 부처의 모습을 영원히 간직하고 있다.

자신이 본래 부처라는 확신이 간화선에서 말하는 믿음이다. 그것을 대신심(大信心)이라고도 한다. 이러한 신심은 불법승 삼보를 대상화하여 믿는 그러한 믿음이 아니다. 내 자신 속에 있는 삼보에 대한 신심이다. 간화선의 뿌리를

형성하는 조사선의 대표적인 경전 《육조단경》에서 혜능선
사는 이렇게 말한다.

"자기 마음의 깨달음에 귀의하여 삿되고 미혹이 나지 않고 적은 욕
심으로 넉넉할 줄 알아 재물을 떠나고 색(色)을 떠나는 것이 부처님
께 귀의하는 것이다. 자기 마음의 바름으로 돌아가 생각마다 삿되지
않으므로 곧 애착이 없나니, 애착이 없는 것을 이욕존(離欲尊)이라고
한다. 자기의 마음이 깨끗함으로 돌아가 모든 번뇌와 망념이 비록
자성에 있어도 자성이 그것에 물들지 않는 것을 중중존(衆中尊)이라
고 한다."

우리가 괴로워하거나 번뇌망상과 씨름하고 있을 때도
본래 부처의 모습인 불성은 살아 움직이고 있다. 번뇌나 망
상을 떠나 불성이 따로 살아 움직이는 것은 아니다. 우리가
밥 먹고 세수하고 말하고 웃을 때도 이 부처님 성품은 역력
히 살아 움직이고 있다. 다만 우리가 착각에 휩싸여 그것을
자각하고 있지 못할 뿐이다. 설사 우리가 지혜가 모자라 일
시적으로 사태를 올바로 보지 못해 큰 죄를 지어 지옥 같은
고통을 받고 있을지라도 그 본래 모습은 부처이다. 유혹에

못이겨 중생놀음을 반복하고 있더라도 이 부처의 마음은 누구에게 빼앗기거나 없어지는 것은 아니다.

우리의 마음은 푸른 허공처럼 늘거나 줄지 않고 생멸하지 않으며 항상 청정하다. 우리는 본래 부처이다. 나는 진리의 주인공이다. 그렇기 때문에 어떠한 어려운 상황도 이겨낼 수 있는 힘을 지니고 있다. 비록 회사나 가정에서 자신이 어려운 조건에 처해 있다 하더라도 능히 그 상황을 돌파해 낼 수 있는 역량을 갖추고 있다.

그러나 당장 본래 부처의 모습이 드러나 있지 않다. 어둠에 가려 깨어 있지 못하기 때문이다. 현재 이 자리에서 이 본래 부처의 모습을 봐야 내가 부처임을 확인할 수 있다. 임제선사는 그것이 바로 그대의 면전에서 왔다 갔다 하고 있으니, 그것을 "봐라, 봐!"라고 강조한다. 안 보이는가? 그러면 화두를 들고 수행하라. 반드시, 그리고 분명하게 보일 것이다. 나는 본래 부처이다. 나는 본래 구원되어 있다. 나를 바로 보고 자기를 바로 보자.

4

왜 발심이 중요한가?

간화선 수행의 양대 축은 발심(發心)과 선지식이다. 발심이 되지 않은 상태에서 화두를 아무리 들어보려고 한들 화두는 마음의 중심에 탁 걸리지 않는다. 또한 수행자에게 화두를 제시하고 점검하며 발심을 촉발해 주는 선지식의 지도 없이 수행의 진전은 어렵다.

그렇다면 발심이란 무엇인가? 발심이란 발보리심(發菩提心)의 줄임말로 보리, 즉 깨달음을 추구하는 마음이다. 불안하고 초조하며 답답하고 고통스러운 삶을 벗어나서 걸림 없이 살고 싶어하는 마음이다. 나를 옥죄고 들어오는 삶의 무거운 짐에서 벗어나 자유롭게 활보하고 싶어하는 마음이다. 어디로 가야할지 갈팡질팡하는 삶, 모순에 찬 삶에서 벗어나 똑바로 당차게 걸어가고 싶어하는 마음이다. 시시각각으로 다가오는 무상과 죽음의 고통에서 벗어나 영원한 대자유를 얻고 싶어하는 마음이다. 어떤 유혹과 거센 비바람에도 흔들리지 않는 진정한 나(주인공)를 찾고자 하는 간절한 마음이다.

간화선에서의 발심은 이러한 마음이 내면에서부터 확확 달아 올라오는 것을 말한다. 그렇게 마음이 달구어져 뜨거워야 한다. 이렇게 마음이 달구어져 있을 때 화두를 들어야 한다. 그렇다면 어떻게 발심이 되어 화두가 마음 속에 자리 잡아 나가는가.

향엄선사는 대단한 학문과 논리, 그리고 말재주가 뛰어난 스님이었다. 이러한 향엄에게 위산선사가 묻는다.

"지금까지 그대가 터득한 지식은 눈과 귀로 남에게서 듣고 보았거나 경전에서 읽은 것뿐이다. 나는 그런 것은 묻지 않겠다. 이제 그대가 태어나기 전에 본래면목을 일러봐라."

그러나 향엄은 모든 지식을 동원해도 답할 수가 없었다.

온갖 책을 뒤적여 봐도 여기에 대한 해답은 얻을 수가 없었다. 이 문제 앞에 모든 것은 쓸모없었다. 생각의 길이 막혔다. 가슴이 콱 막혔다. 향엄은 책을 모두 불살라 버리고 길을 떠난다. 그리고 태어나기 이전의 본래 모습이 무엇인가에 사무치게 골몰한다. 바로 스승의 한 마디에 발심하여 간절하게 화두를 들기 시작한 것이다. 그렇게 간절히 화두에 대한 의심을 키워나가다 어느 날 기와 조각이 대나무 부딪히는 '탁' 하는 순간에 깨닫는다.

이렇듯 화두를 들려면 발심이 되어 있어야 한다. 본래 부처로서의 진정한 자기를 사무치게 보고 싶고 그리워해야 한다. 그 님이 그리워, 애타게 보고 싶어 낮이건 밤이건 님 생각이 떠나지 않는다. 이것이 발심이다. 그것은 나 자신을 찾고자 하는 간절한 목마름이다. 잠시라도 떨어져 있으면 그것이 보고 싶어 견딜 수 없는 애절한 마음이다.

발심이 얼마나 절절하느냐에 따라 화두에 대한 의심도 간절해진다. 오직 님 생각이 가득했을 때 님의 모습이 선명하게 보이고 님의 목소리가 또랑또랑하게 들리듯 말이다. 그러나 발심이 안 된 상태에서 화두를 들면 화두는 들리지 않고 온갖 잡생각과 망상만이 오고가기 마련이다. 그래서 예로부터 선가에서는 화두 들 때의 마음가짐을 일컬어, 홀어머니가 전쟁터에 보낸 외동아들 생각하듯, 사막에서 물 생각하듯 하라고 했다. 생사라는 두 글자를 눈썹에 붙여 놓고 머리위에 타오르는 불을 끄듯 절박한 심정으로 화두를 들라고 했다.

적어도 이 정도로의 사무치는 마음, 절박한 마음이 없으면 그 문 없는 문으로 한 발자국도 들어설 수 없다. 그렇다면 왜 사무치게 그리울 수밖에 없는가. 그것은 그 님이 한없이 아름답고, 고결하며, 언제나 은은한 미소를 지니고 있는 님이기 때문이다. 언제라도 내 곁에서 내 아픔을 달래고 어루만져 주며 힘과 용기, 지혜를 주는 님이기 때문이다. 사실 그 님은 내 자신의 본래 모습이다. 이 본래 모습을 보고야 말겠다는 발심을 철저히 키워 나가야 화두를 드는 데 방심하지 않고 망상과 착각에 빠지지 않는다.

화두가 안 들려 잡생각이나 졸음에 빠질 때도 거듭거듭 이러한 마음을 돌이켜 보라. 그렇게 자신을 들여다보고 화두와 겨루어 나가면 어느새 내가 화두와 하나가 되어 시원하고 맑고 고요한 마음이 가슴 속에서 도도한 물줄기를 이루며 흘러내릴 것이다.

5...
화두를 품고 살아야 하는 이유

간화선에서 말하는 화두에 대한 '의심'은 누군가가 미심쩍어 의심한다는 그런 의심이 아니다. 여기서 말하는 의심은 도무지 알 수 없기 때문에 일으키는 일종의 근원적인 물음이다. 그래서 그것을 아주 커다란 의심(the Great Questions)이라고 한다. 그렇지만 끝내는 알고 싶고 풀고 싶어하는 갑갑함이 거기에는 서려 있다.

우리는 간혹 삶과 세계에 대한 근원적인 문제에 의문을 일으킨다. 인생이란 무엇인가? 우리는 어디서 왔다 어디로 가는가? 나는 누구인가? 우주의 끝은 있는가? 마음이란 무엇인가? 등등의 의문은 누구라도 가져보았을 것이다. 그렇지만 이러한 의문에 대한 합리적 해답은 불가능하다. 부처님께서도 14무기라 하여 만동자(鬘童子)가 던진 위와 같은 14가지 형이상학적인 질문에 대해 답하지 않고 침묵했다. 그렇다면 부처님께서는 그런 질문에 대해 무지했느냐? 그렇지 않다. 부처님은 분명 그런 형이상학도 꿰뚫고 있었다. 다만 그 형이상학의 한계 또한 잘 알고 있었기에 그것으로부터의 초월을 침묵으로 보여 주었던 것이다.

말과 생각의 테두리에서 궁극적인 진리는 파악할 수 없다. 사물 자체의 본질이라든가, 나 자신, 너 자신의 진정한 모습은 생각으로는 헤아릴 수 없다. 하물며 우리가 수학이나 물리의 세계에서 진리라고 하는 것도 일종의 가설 위에서 이루어진 것임을 볼 때, 우리가 사용하는 이성을 통해서 진리는 있는 그대로의 모습을 결코 드러내놓지 못할 것이다. 설사 물리의 세계에서 찾아진 진리라는 것도 얼마나 보잘 것 없는가를 뉴턴의 고백에서도 알 수 있다.

"네가 세상에 어떤 모습으로 비칠지는 모르겠지만, 나에게는 내가 그저 해변에서 놀고 있는 아이와 같았다는 생각이 든다. 이따금 다른 것들보다 매끄러운 조약돌이나 유달리 예쁜 조개 껍데기를 찾아내고 기뻐했으나, 거대한 진리의 바다는 전혀 밝혀진 것이 없는 채로 내 앞에 놓여 있다."

구체적인 일상의 세계에서도 이러한데 삶과 세계의 근원적인 문제에 대해서 인간을 철저히 무시할 수밖에 없다. 그래서 인간이란 어떤 대상에 대해 묻기 이전에 항상 자기 자신에 대해 의문을 던지는 존재다. "너는 누구냐?" "너는 왜 사냐?" "왜 죽느냐?" "왜?" "왜?"라고 질문을 던지는 존재다. 의문이 가득한 존재다. 도대체 알 수가 없고 신기하기 때문이다.

이 지점에서 간화선의 핵심 키워드인 화두로 돌아가 보자. 화두란 무엇인가? 앞에서도 말했지만 화두는 있는 그대로 드러나 있는 진리를 가리키는 말이다. 그것은 본래 부처의 마음과 연결되어 있다. 삶과 세계의 근원적인 문제, 그 세계를 보여주는 있는 그대로의 진리, 본래 부처의 마음, 삶의 실상인 공(空)은 말과 생각으로는 파악 불가능이다. 그런데 화두는 말길과 생각의 길을 끊고 바로 그 자리로 들어간다. 화두가 지니고 있는 철저한 의심은 그것에 대해 어떻게 그려낼 수 있는 작은 흔적도 남기지 않기 때문이다.

그렇다면 말이다. 인간이란 삶과 세계에 대한 근원적인 풀리지 않는 의문을 던지는 존재이고, 그 의문을 풀고자 갑갑해 하는 자이기 때문에 누구나 화두를 들고 있는 셈이지 않는가? 인간이란 본래적으로 화두를 가진 존재이지 않더냐? 그러면 사람은 태어나면서부터 간화선 수행자가 아니더냐?

논리의 비약인지 모르지만 사실 그렇다고 본다. 단지 우리가 선지식으로부터 화두를 받아 그 화두를 들고 수행하는 것은 하나의 종교적 틀일지도 모른다. 그렇지만 그러한 종교적 틀일지라도 화두를 들고 거기에 간절한 의심을 품고 수행하는 것은 인간 본연의 삶에 가장 잘 어울리는 길이라고 생각한다.

화두로 간절한 의심, 근원적인 의심을 마음속에 품고 인생을 진지하게 살피며, 부처님의 생명을 느끼며 살아간다는 것은 정말 값지고 좋은 일이다. 우리가 화두를 드는 순간, 간절한 의심을 일으키는 순간, 내가 본래 그 자리에 가까이 다가와 있다는 생각을 해 보라. 진정 가슴 떨리는 사건이지 않는가!

6...

왜 의심을 크게 가져야 하는가?

인간은 근원적인 의문을 가슴에 품고 살아간다. 그러나 그것은 어느 누구도 해결해 줄 수 없는 의문이다. 부처님도, 아무리 위대한 성인도, 역대 조사들도 그것을 해결해 줄 수 없다. 그 열쇠를 푸는 것은 오직 자신의 손에 달려 있다. 자신이 직접 물을 마셔봐야 그 물이 뜨거운지 찬지 스스로 알 수 있듯이 말이다.

다행인 것은 역대 선지식들이 화두수행을 통해 그 열쇠를 푸는 길을 안내해 주었다는 점이다. 참으로 고맙고 감사할 일이다. 그래서 예로부터 간화선 수행자들은 화두를 제시해 주고, 거기에 대해 어떤 해답도 주지 않은 채, 가슴에 하나의 큰 의심을 품게 하여 깨침으로 인도해준 스승의 은혜를 어찌 다 갚을 수 있겠느냐고 고백한다.

그런데 현재의 문제는 화두에 의심이 걸리지 않는다는 데 있다. 화두를 들고 억지로 의심하니 오히려 그것이 병으로 도진다. 그래서 커다란 의심을 일으키는 것이 왜 중요하며 그것이 왜 우리가 가야할 길인가를 한 번 더 말해보련다.

근세철학의 비조로 불리는 데카르트라는 철학자를 보자. 이 철학자로 인해 지구상에서 이성을 중심으로 한 철학과 자연과학이 새롭게 기지개를 편다. 그로 말미암아 인간이 본격적으로 자연을 지배하게 된다. 그의 역할은 참으로 놀라운 것이었으며 눈부신 과학의 발전을 가져왔다. 그러나 너무나 이성을 절대화하고 이성을 신봉한 것이 문제였다.

데카르트는 자기 앞에 전개되고 있는 모든 현상은 꿈일지 모르겠지만 의심하고 있는 나 자체는 의심할 수 없다고 했다. 그 결과 "나는 생각한다. 그러므로 존재한다"라는 유명한 말을 했다. 의심하고 있는 나 자체는 내가 존재하고 있다는 의심할 수 없는 분명한 사실이라는 것이다. 그것은 생각하는 주체로서 이성과 자아를 발견했다는 점에서 커다란 쾌거였다.

그러나 이러한 의심은 '나' 라는 주체가 '어떤 대상' 을 객관화하여 의심하는 것이다. 그렇기 때문에 그것은 내 주관의 선입견을 떠날 수가 없으며, 내 생각의 틀에 얽매일 수밖에 없다.

이러한 의심은 나와 세계의 모든 것이 저 밑바닥에서부터 의문부호화하는 철저한 의심과는 본질적으로 다르다. 나와 세계 자체에 대한 근원적인 의심을 커다란 의심이라 한다. 커다란 의심은 나도 없고 너도 없으며 의심 하나만 또렷하게 살아 있는 것을 말한다. 나 자신이 의심 자체인 것이다. 그래서 의심하는 것이 삼매가 되어 의심삼매에 들어간다. 말하자면 화두를 들고 화두삼매에 몰입하는 것이다.

이러한 삼매로서의 의심은 내가 생각의 틀로 무엇을 의심하는 것이 아니다. 나는 철저히 죽어 없어지고 의심만 살아 움직이는 것이다. 화두만 살아 움직이는 것이다. 의심이 간절해지면 내가 없어질 수밖에 없기 때문이다.

이렇게 커다란 의심이란 화두에 조그마한 빈틈도 허용하지 않는 철두철미한 의심을 말한다. 말과 생각의 흔적, '나' 라는 흔적은 철저히 무가 되는 것이다. 의심이 간절해야 어떠한 강렬한 자극이나 유혹에도 흔들리지 않고, 어떤 경계에 부딪혀도 중심을 잃지 않는다.

그렇다고 해서 화두를 드는데 자그마한 의심이 따로 있고 큰 의심이 따로 있다는 말은 아니다. 화두를 들 때는 조그마한 생각의 자취도 허용하지 말아야 하기 때문에 그것은 바로 큰 의심이다. 다만 그러한 의심이 마음속에 얼마나 간절하게 달구어져 있느냐, 얼마나 빈틈없이 이어지느냐에 따라 큰 의심이다 작은 의심이다 할 뿐이다. 그것은 얼마만큼 자아의 흔적이 사라졌느냐에 달려 있기도 하다.

아주 크게 의심했을 때, 즉 대의(大疑)가 철저하게 드러났을 때, 기연을 만나 화두가 타파되면 중생놀음하는 분별의식이 완전히 소멸되고 본래 부처의 모습으로 돌아간다. 선사들이 깨닫는 계기는 모두 이 대의가 역력하게 현전했을 때이다. 그래서 말하지 않는가? 크게 의심해야 크게 깨닫는다. 크게 의심하여 내가 철저히 죽어 없어지는 순간 나는 다시 살아난다. '대사일번(大死一番) 절후재소(絶後在蘇)' 크게 죽어 다시 태어나는 것이다. 그렇게 다시 태어난 내가 천하를 홀로 당당하게 거니는 '나' 이다.

7

왜 크게 분발하는
마음을 내야 하는가?

간화선을 수행하려면 자기 자신이 본래 부처라는 확고한 믿음, 그리고 화두에 대한 커다란 의심과 더불어 크게 분한 마음인 대분심(大憤心)을 내야 한다. 그것을 대신심(大信心)·대의심(大疑心)·대분심이라고 하여 화두들 들고 수행하는 세 가지 요긴한 요소로 삼고 있다.

내 자신이 본래 부처임에도 불구하고 중생놀음을 하고 있는 현실에 대해 억울하고 분한 마음을 내는 것이 대분심이다.

우리가 하루하루 살아가고 있는 모습을 뒤돌아보자. 하루라도 원망, 시기, 질투, 대립, 갈등이 없이 지나가는 날

이 드물다. 주체적으로 당당하게 일을 처리해 나간다기보
다는 일에 끌려다니고 일에 눌리고 일에 사로잡혀 허둥지
둥 대면서 스트레스를 받는다. 스트레스를 받으면 신경질
이 나고 울화가 터진다. 화가 머리끝까지 뻗치기도 한다.
그리고 경계에 부딪혀 마음이 아프고 쓰라린 체험을 하게
되면 자신의 행동에 대해 참회하는 것은 좋은데, 그로 인해
자기를 무지막지하게 학대한다. '아! 나는 이러한 인물밖
에 안 되는구나. 나의 능력은 이 정도다. 아, 나는 어쩔 수
없는 중생인가보다'라고 하며 자기를 끊임없이 망상과 잡
념의 구렁텅이 속으로 집어넣고 자기를 못살게 한다. 실로
끝없는 고통의 연속인 것이다. 안타까운 것은 그러한 잡념
에 시달려 하루 종일 침울하고 일이 손에 잡히지 않는다는
점이다.

　게다가 우리는 달콤한 눈앞의 이익과 편안함에 현혹되
어 더 가지려 하고 더 먹으려 하고 더 게을러지고 더 편해
지고자 한다. 그저 육신과 육망이 하자는 대로 내버려 두고
육신이 하자는 대로 이것저것 가리지 않고 그 길로 덮어놓
고 접어든다. 그래서 먹고 싶으면 먹고, 자고 싶으면 자고,
갖고 싶으면 가지려 한다. 이렇게 욕망이 하자는 대로 하루

이를 살아가다 보니 도저히 마음의 안정을 얻을 수가 없다. 어제도 그렇고, 오늘도 그렇고, 내일도 그렇게 살아가고 있을 뿐이다.

그러다가 어느덧 나이가 들어 늙어가고 병들어 죽어간다. 그렇게 우리는 살며 죽어가고 있다. 내가 본래 부처임을 망각하고 이렇게 중생놀음에 눈이 멀어 하루 이틀 망가지고 낡아가고 있는 것이다. 그러다가 죽음 앞에서 죽지 않으려 몸부림치지만 때는 이미 늦은 시각이다. 자신은 절대 죽을 것 같지 않았는데 죽음은 이미 내 곁에 와 있다. 대부분 사람들은 이것을 인정하지 않는다고 한다. 흔히 사형선고를 받은 암 환자들도 절대 자신의 죽음을 인정하지 않는단다. 그렇게 준비 없이 죽어간다. 이 어찌, 슬프고 안타까운 일이지 않은가! 속절없이 늙은 육체, 병든 육체를 억지로 지탱하며 외롭게 걸어가고 있는 자는 누구인가? 그 누구도 아닌 바로 내가 그럴 수 있다는 것이다.

이것이 우리들이 태어나서 살다가 죽어가는 구체적인 모습이다. 우리는 결코 이렇게 살지는 말아야 한다. 그렇게 욕심부리고 다투다가 어리석고 허무하게 죽어가지 말아야 한다는 것에 대한 가슴으로부터의 철저한 반성과 분한 마음이 일어나야 한다. 본래 부처인데 중생의 모습으로 살아가는 것에 대한 철저한 참회와 억울해 하는 몸부림이 있어야 한다. 그래서 이러한 중생으로서의 삶을 벗어나 내 자신의 본래 모습을 확인해 보겠노라는 마음이 내면으로부터 솟구쳐 올라와야 한다.

이러한 마음을 간직하고 있어야 적어도 내가 화두를 들어야겠다, 수행을 해야겠다, 가부좌를 틀고 앉아야겠다는 마음이 일어난다. 그리고 이러한 분심이 올라와야 화두를 들다가 졸음이나 잡념에 빠져 있다가도 정신을 바싹 차리고 화두와 겨루어 나갈 수 있다. 나아가 길을 걸으면서도, 어떤 경계에 부딪히면서도 화두를 마음에 딱 붙들어 맬 수 있다. 그래야만 일상에서 어떤 경우에 직면하더라도 거기에 매몰되어 혼비백산하지 않고 화두를 챙길 수 있다.

그런 의미에서 간화선 수행자는 중생으로 살아가고 있는 자기 자신의 존재에 대한 억울하고 분한 마음과 나의 본래 모습을 확인하고 행복하고 잘 살아가야겠다는 각오와 서원을 되새겨보아야 한다.

8

번뇌망상과 화두

모든 존재는 본래 부처의 모습이다. 그것은 자연(自然)이다. 스스로 그러하다. 자연법이(自然法爾)라는 말이 있다. '스스로 그렇게 법이 드러나 있다' '스스로 그렇게 법이 움직인다' 는 뜻이다. 태양은 동쪽에서 뜨고, 물은 위에서 아래로 흐른다. 새는 지저귀고 꽃은 피고 진다. 그게 자연이다.

그러나 우리들의 삶을 보면 중생의 모습으로 병들고 신음하고 있다. 근심과 걱정은 물론이요 시기 질투하고 억울해 하며 마음을 갉아먹는다. 순간순간 깨어 있지 못하고 경계가 들어오는 순간 경계에 휘말려 본래 부처로서의 자신의 있는 그대로의 모습을 놓쳐 버리고 만다. 그래서 중생의 모습으로 화내고 싸우고 서로의 마음에 상처를 주며 한없이 늙어간다.

우리가 이렇게 중생의 모습으로 살아가는 주된 원인은 번뇌망상 때문이다. 그러면 도대체 번뇌망상은 무엇이고 그것은 어떻게 작용하는가. 번뇌망상의 모습과 원인을 알면, 그것을 치유하는 길은 바로 나오고, 그렇다면 본래 부처로서의 성품을 자연 그대로 드러낼 수 있는 길이 보인다.

번뇌란 괴로움이요 아픔이며 집착하고 성내는 것이며 욕심부리고 갈등하는 것이다. '망상'의 사전적 정의는 병적으로 내린 잘못된 판단과 확신이다. 그런데 불교에서 바라보는 망상이란 그것이 잘못된 판단과 확신이긴 하지만, 그 병적으로 내린다는 그 병이 비정상적인 사람에게만 있는 것이 아니라 정상인에게 아주 확연하게 만연해 있다는 것이다. 즉 불교에서는 모든 사람들이 잘못된 판단과 확신으로 괴롭고 아프며 갈등하면서 살고 있다고 설파한다.

사실 내가 망상과 잡념으로부터 떠나 있는 순간이 얼마나 되는가? 길을 걷다가도, 무슨 일을 하다가도, 밥을 먹다가도, 대화를 하는 중에서 잡념이 끊이지 않는다. 지난 행위에 대한 후회와 번민, 앞으로 벌어질 일에 대한 근심과 걱정으로 잠시라도 현실에 깨어 있기가 힘들다. 그렇게 잡념, 번뇌망상이 온통 자기를 지배하다 보니 괴롭고 아픈 것은 물론 살기가 힘들며 벅차다. 별의별 생각과 추측을 해가면서 하루 종일 자신을 괴롭히고 상대방과 주변 사람을 괴롭히며 힘들게 한다.

그렇다면 나를 고통스럽게 하는 번뇌망상은 왜 발생하는가? 그 원인은 자기 생각에 집착하여 탐내고 성내며 어리석게 행동하며 깨어 있지 못하기 때문이다. 그리고 나 자신과 상대방을 믿지 못하기 때문이다. 깊은 믿음은 즐거움과 지혜로운 행동을 낳는 법인데 말이다.

생활 속의 간화선은 이 번뇌망상의 작용을 화두로 녹이고 나 자신은 물론 상대방을 바로 보게 해준다. 잡념이나 망상이 떠오르는 순간, 그 자리에 화두를 들면 망상은 자취를 감추고 본래 자리로 돌아간다. 아니 더 적극적으로 말해 화두를 들고 있으면 번뇌망상이 찾아올 리가 없다. 화두를 들고 있는 순간 나는 진리와 연결되어 그 자리에서 역력히 깨어 있게 된다. 조작하고 시비하지 않고 비교하지 않게 된다.

화두에 깨어 있고, 있는 그대로의 모습에 깨어 있으니

어떤 사태에 직면하더라도 당황하거나 두려워하지 않는다. 마음의 평정을 찾고 고요한 마음자리에 서서 세상을 공으로 관조한다. 조견오온개공(照見五蘊皆空)하는 것이다. 그렇게 '조견오온개공' 하는 순간 번뇌는 곧 보리요, 생사는 곧 열반이다. 따지고 보면 그 번뇌의 뿌리도 부처 자리에서 나온 것이다. 본래 부처의 마음이 조작하고 시비하고 분별하는 작용으로 인해 번뇌로 화해 나타난 것이다. 따라서 번뇌망상이 일어나는 순간 화두를 들라. 아니 번뇌망상이 비집고 들어오지 못하도록 화두에 깨어 있으라.

《신심명》의 첫구절은 "지도무난 유혐간택(至道無難 唯嫌揀擇)"이다. 지극한 도는 어렵지 않나니 오직 간택을 싫어할 뿐이라는 것이다. 간택하지 말라, 비교하고 선택하고 가리고 그렇게 하지 말라는 말이다. 그것은 마음을 조작적으로 움직이지 말라는 뜻이다. 시비 조작하는 것은 번뇌망상 탓이다. 그러니 그 자리에 화두를 들라. 도에 이르는 길은 결코 어렵지 않다.

9

어떻게 하면 화두를 잘 들 수 있는가?

화두를 잡념 없이 지속적으로 들고 나가기란 그렇게 쉽지는 않다. 어떤 선방 수좌스님은 화두가 들리지 않고 망상이 하염없이 들어와 법당에서 절하면서 펑펑 울기까지 했다고 한다. 어떤 스님은 이마를 벽에다 찧으면서 화두가 들리지 않는 괴로움을 몸으로 토로했다고 한다.

선방 스님도 이 정도인데 초심자들이 화두 들기는 더욱 쉽지 않을 것이다. 어떤 입문자는 말하길, 수차례 참선을 해도 화두가 전혀 들리지 않아 인내력만 테스트했다고 실토한다. 그러면 어이할 것인가? '아! 나는 백날 해도 안 되는구나' 하면서 좌절할 것인가? 내가 화두를 드는데 어디에 문제가 있는지 알아내야 한다. 그래서 화두를 잘 들어 나갈 수 있는 여러 방법을 제시해 보겠다.

첫째, 화두를 들어야겠다는 신심과 발심이 되어 있어야 한다. 내가 본래 부처라는 확고한 믿음과 화두 공부를 해야겠다는 마음이 나지 않으면 백약이 별무소용이다.

둘째, 화두가 무엇이며 어떤 역할을 하는지 확실히 알아야 한다.

셋째, 화두가 진정한 의심으로 마음에 들어와 박혀야 한다. 정말 자신이 들고 있는 화두에 무엇으로도 풀 수 없는 의심이 생겨 간절하게 달구어지지 않으면 화두는 결코 의심되지 않는다.

이러한 조건을 갖추었음에도 화두가 들리지 않으면 다음의 요령을 참고하면 좋을 것이다.

넷째, 마음을 짓누르고 있는 무거운 짐을 내려 놓아야 한다. 그래서 《좌선의(坐禪儀)》를 저술한 종색(宗賾) 선사는 사연(捨緣)이라고 해서 좌선하기 전에 모든 인연을 내려 놓고 만사를 쉬라고 했다.

다섯째, 전제(全提, 전체적으로 참구)와 단제(單提, 요점만 참구)를 섞어서 든다. '이뭣고' 화두의 실례로 보겠다.

'이뭣고' 화두의 전제는 "일체처(一切處) 일체시(一切時)에 밝고 또렷또렷(昭昭靈靈)한 주인공 이 놈이 무엇인고?" "부모가 태어나기 전 나의 본래 면목이 무엇인고?" 등 그 밖에 여러 가지가 있다. 여기서 보듯이 전제는 화두의 전체 내용을 일컬으며, 단제는 '이뭣고'만 드는 것이다. "이뭣고" 하면서 단제를 들다가 잡념과 번뇌망상이 들어오려고 하면 그 자리에다 전제로 바꾸어 화두를 들어나간다. 그러다 잡념이 들어오지 않으면 다시 단제로 바꾼다.

여섯째, 단제만 들면서 "이뭣고" 할 때는 '이-'를 약간 길게 하면서 마음속으로 '이~' 하는 그 놈이 '뭣고?' 하며 의심을 일으키든지, 아니면 조금 막연하지만 '이~뭣~고' 하면서 의심을 길게 이어간다. 그렇게 의심을 길게 가져가면서 그 의심을 머리로 하는 것이 아니라 뱃속과 핏줄까지 스며들듯이 온몸과 마음으로 의심한다.

일곱째, 화두 의심의 끝자락을 단전이면 단전, 퇴음부면 퇴음부까지 밀밀하게 빈틈없이 밀고 들어간다. 그러나 절대로 억지로 하지 말아야 한다. 있는 힘을 다 주고 급하게 화두를 들다 보면 열기가 머리로 올라와 머리가 찌근찌근 아프고, 그것이 진전되면 머리가 빠개질 듯하다. 심한 경우는 구토까지 난다. 그러면 몸의 균형이 깨지는 것은 물론 건강상의 치명적인 결과를 초래한다. 따라서 화두를 빈틈없이 밀고 들어가되 너무 힘을 주지도 말고 빼지도 만 상태, 적절한 중도의 상태를 유지하면서 부드럽게 들어나가야 한다. 부드러우면서 힘차고 강하게 들란 말이다.

여덟째, 여러 대중들이 모여 함께 좌선을 하는 방법과 혼자서 하는 것을 병용한다. 여러 대중들이 함께 모여 참선하면 서로 물어가면서 수행할 수 있으며, 거기에는 지도자가 있기에 걸리는 부분을 문답을 통해 해결할 수 있다.

아홉째, 지속적으로 수행해야 한다. 지속적인 실천 외엔 왕도가 없다. 마치 활쏘기와 같다. 처음부처 활쏘기의 신궁이 되지 않는다. 끊임없이 지속적으로 실천해 나가다 보면 화살은 과녁의 정 중앙에 꽂히기 마련이다. 어떤 이는 말한다. 운동을 지속적으로 하면 근력이 생기듯이 수행 역시 지속적으로 하면 수행의 근력, 마음의 근력이 생긴다고.

그러기 위해서는 집에서 쉼없이 화두를 들어나가야 한다. 아침저녁으로 일정한 시간을 내어서 화두를 드는 것이 좋지만, 적어도 아침 참선 시간은 지킨다. 아침에 이불 밑에 누워서 망상할 시간에 화두를 들어보라. 일단 앉는 것이 중요하다. 앉는 것이 습관이 되면 5분, 10분은 금방이다. 어느새 30분, 1시간이 흐른다.

이렇게 해서 조용한 데서 화두 드는 것이 힘을 받으면 누구를 기다리거나 전철을 타고 갈 때도 화두를 들어보라. 그 다음 걸어가면서도 화두를 들어본다. 이렇게 줄기차게 하면 화두 드는 힘이 길러지며 화두가 마음에 탁 걸리는 날이 올 것이다.

10

생활 속의 화두

간화선은 생활선이다. 수행과 생활이 분리될 수 없듯이 선과 생활도 분리될 수 없다. 선은 생활 속에서 도(道)가 있는 그대로 살아 움직이게 하는 것이다. 그런 의미에서 선은 도(道)이고 대립과 차별, 경계를 떠난 생활이다. 아울러 수행한다는 것은 그 도가 이 자리에서 드러나게 하는데 진정한 의미가 있다.

혜능선사는 《육조단경》에서 다음과 같이 말했다.

"만약 수행하기를 바란다면 세속에서도 가능한 것이니, 절에 있다고만 되는 것이 아니다. 절에 있으면서도 닦지 않으면 서쪽나라 사람

의 악함과 같고, 세속에 있으면서도 수행하면 동쪽나라 사람의 착함
을 닦는 것과 같다."

여기서 서쪽나라는 서방정토, 즉 우리가 추구하는 청정
한 불국토를 말하며, 동쪽나라는 이 세속의 생활세계를 일
컫는다. 그런데 혜능선사는 생활 속에서 수행만 올곧게 한
다면 그 생활 세계 자체가 이상적인 국토라고 말씀하신다.
바로 이 삶의 세계에서 수행은 가치와 빛을 발해야 마땅하
다는 것이다.

물론 고요한 산사나 선방에서 수행이 더 잘 되는 건 사실
이다. 모든 인연과 단절하여 깨끗하고 고요한 수행환경을
갖춘다는 것은 심신을 잘 닦아나가기 위한 훌륭한 조건임
에는 틀림없다. 그리고 고요한 산사에서 모든 시름을 잊어
버리고 무심하게 마음을 놔두는 것도 삶의 무게를 내려놓
는 좋은 방법이다. 바람소리, 풍경소리, 목탁소리, 염불소
리에 마음을 놓으면 걸림 없는 자유를 느끼게 된다. 마음을
가두니 그것이 문제이다.

그러나 더 바람직한 것은 시끄럽고 복잡한 생활 속에서
고요할 수 있다는 것, 흔들리지 않을 수 있다는 것, 평화로

울 수 있다는 것, 자유로울 수 있어야 한다는 것이다. 세상에 살면서 신경질 난다고 해서, 마음에 맞지 않는다고 해서 버럭 화를 내고 마음이 급하게 달아오른다면 그것은 멋진 인생살이가 아니며, 진정한 수행자의 모습은 더더욱 아니다. 수행자의 모습은 마음이 쉬어 있어야 한다. 그렇게 마음이 편하게 쉬어 있고 바다처럼 잔잔하니 그런 사람에게 어떤 어려운 경계가 찾아온다 한들, 그것은 홍로일점설(紅爐一点雪)이다. 붉은 화로에 한 점 눈이 떨어진들 자취 없이 녹아버리기 마련이다.

화두를 들고 수행하는 것 역시 일상생활 속에서 나를 괴롭게 하고, 힘들게 하고, 욕망과 집착으로 눈멀게 하고, 화나게 하는 그 순간에, 거기에 그대로 끌려가는 것이 아니라 그러하는 것들을 화두로 딱 멈추게 하는 데 있다. 그런 것들을 억지로, 의식적으로 참고 멈추는 것이 아니라 자연스럽게 화두로 녹이는 것이다. 절대 억지로 참으면 안 된다. 도덕적 의지에 의해서 억지로 참을 경우, 그것이 나중에 쌓이고 쌓여 화병으로 도진다. 화두는 용광로와 같다. 그렇기 때문에 모든 올라오는 감정과 생각을 근원에서 녹여 버린다.

간화선을 체계화한 대혜선사는 《서장(書狀)》에서 "익은 것은 설게 하고 설은 것은 익게 하라"라고 했다. 우리에게 익은 것은 '나'와 '나의 것'에 집착하는 생활이지만, 설은 것은 '무아'로 살아가는 것이다.

수행이란 이런 '나'와 '나의 것'에 집착하는 것을 설게 하고 무아로 살아가는 것을 익게 하는 것이다. 또한 익숙해 있던 '화나는 삶'을 낯설게 하고, 낯설어 있던 '평화로운 삶'을 익숙하게 하는 것이다. 익숙해져서 게으른 타성을 낯설게 하고 낯설은 새로운 세상, 새로운 일을 익게 하는 것이다. 그렇게 하려면 생명이 고동치는 불성의 바다로 들어가야 한다.

화두로 들끓는 감정과 생각을 잠재워 내 속에 출렁이고 있는 공의 바다, 불성의 바다와 만나 나와 주변을 있는 그대로, 공(空)으로 관조할 때야말로 진정한 마음의 평화와 행복이 깃들 것이다. 그것은 생활 속에서 공이 살아 움직이는 것이요, 도가 꿈틀거리는 것이다.

생활 속에서 시시각각으로 나에게 다가오는 소란한 소리, 감정의 분출, 대립의식들을 화두로 잠재울 수 있으려면 화두 드는 힘을 키워야 한다. 그러기 위해서는 일정한 시간을 정해 놓고 규칙적으로 화두 드는 것을 생활화해야 한다.

모든 것은 하기 나름이다. 습관이 나의 생활을 바꾼다. 아침에 일어나 이불 속에서 이 생각 저 생각 잡념에 빠져 있기보다는, 조금만 잠을 더 자려고 몸을 뒤척이기보다는 과감히 자리에서 일어나 정좌를 하고 화두를 들어보라. 머리와 마음도 가볍고 나를 짓누르는 삶의 무게도 가라앉는다. 하루의 시작이 경쾌하고 활력에 넘칠 것이다.

행하라! 행하기 전에 두려워하지 말고 행하기 전에 이 생각 저 생각으로 망설이지 말고 일단 저질러라. 행하면 된다. 일어나 앉아 머리에서 모든 것을 비워내고 화두를 들어보시라. 물론 쉽지는 않다. 그러나 어렵지도 않다. 행하면 되기 때문이다. 이렇게 해서 점차 화두 드는 정진력을 길러 나가야 한다.

11

화두로 어려운 상황에
대처하는 방법

육체적 생사보다 중요한 게 마음의 생사다. 마음의 생사란 생각이 일어나고 사라지면서 나누고 분별하여 자신과 세상을 한계짓고 고통스럽게 살아가는 것을 말한다. 화두는 이러한 생사심(生死心)을 단칼에 잘라내는 지혜의 검이다. 화두를 또렷또렷하게 들면 요동치듯 생멸하는 마음이 물러나 고요한 평화에 잠긴다.

우리들의 일상사는 역순경계(逆順境界)의 바람에 시달리는 모습으로 전개된다. 경계란 우리가 생활속에서 부딪치는 상황과 처지를 말한다. 우리는 좋고 싫고, 사랑하고 미워하고, 얻고 잃어버리고, 만나고 헤어지고, 편하고 괴롭고, 기쁘고 슬프고 등등 여러 가지 경계에 접하면서 파도에 흔들리는 나룻배처럼 이리저리 흔들리며 살아간다. 더 고통스러운 것은 그러한 경계에 끄달리면서 산다는 것이다. 경계를 나누는 것도 부족해 그러한 경계에 집착하여 한없이 그 경계에 얽매어서 벗어날 줄 모른다는 것이다.

역경계(逆境界)란 자신의 뜻을 거스르는 상황에 직면하는 것이다. 자신이 하고자 하는 것을 가로막거나 원하지 않는 사태가 전개되는 현상이다. 그 결과 스트레스가 치밀어 오른다. 보고 싶지 않은 시어머니나 며느리, 직장 상사나 직장 동료를 보는 것도 역경계요 스트레스로 작용한다. 그러면서 또 그 위에 갖가지 생각을 지어가고 괴로워한다.

순경계(順境界)란 자신의 뜻에 맞는 상황에 마주치는 것이다. 보고 싶은 친구나 연인을 만나고 구입한 아파트나 주식이 폭등하는 상황이다. 여하튼 내가 원하는 대로 모든 것이 전개되어 기분이 참 좋다. 그러나 기분 좋은 것은 나무랄 수 없지만, 그 좋은 기분에 도취되어 자꾸만 그 들뜬 기분이 마음을 사로잡아 현실에 깨어 있지 못하게 한다.

역경계를 만났을 때 그 괴로운 상황에 계속 파묻히다 보면 공부를 놓친다. 경계에 현혹되어 마음이 갈피를 못 잡고 화를 내고 싸우는 것이다. 그러면 그럴수록 고통은 가중되고 힘겨운 인생살이가 전개될 수밖에 없다.

순경계도 마찬가지다. 좋아하여 거기에 착 달라붙으면 정신이 팔린다. 예를 들어 증권이 올랐다 싶으면, 기쁘긴 한데 하루 종일 거기에 파묻힌다. 마음이 공중에 붕 떠서 현실에 충실하지 못하고 정신 나간 사람이 된다. 특히 사람들은 자기가 좋아하는 상황과 접하게 되면 거기에 착 달라붙는다. 이렇게 순경계는 기분이 좋긴 하지만, 거기에 집착하다 보면 자신의 마음을 그 대상에 송두리째 빼앗겨 버리기 때문에 결코 바람직하지 않다.

사실 역경계는 그러한 상황에 직면하여 "그렇구나" 내지는 "그럴 수도 있겠지" 하면서 깊이 인내하고 수용하면 극복하는 것이 어렵지 않으나, 순경계는 극복하기가 그렇게 쉽지 않다. 순경계에 접하면 그 상황에 자석처럼, 어쩌면 무모한 불나방처럼 속절없이 붙들려가기 때문에 그것으로부터 빠져 나가기가 너무 어렵다. 그리고 순경계는 역경계로 돌변하기 십상이다. 흔히 주변에 이런 상황이 연출되는 것을 본다. 즉 내 마음에 드는 연인을 만나면 그 사람에 달라붙어 열렬히 사랑한다. 그러다가 그 여인이 자기의 기대와 어긋나면 심한 배신감을 느끼고 상실에 젖는다. 증오까지 한다. 심지어는 철천지원수가 된다. 사랑이 증오로 변하는 것은 순경계가 역경계로 변한 대표적인 예일 것이다.

경계에 직면할 때, 경계가 왔다는 것을 알아차리고 그 경계를 오히려 수행의 수단으로 받아들이면서 즉각적으로 대응하지 않고 수용하는 것이 순리다. 오히려 그것을 역으로 이용하여 마음을 돌리고 길들이는 수행으로 삼는 것이다. 파도가 치면 그 파도에 내가 휩쓸려가는 것이 아니라 그 파도를 타고 나가는 지혜를 발휘해야 한다.

목전의 일에 직면할 때, 역경계이든 순경계이든 집착하지 말아야 한다. 집착하면 마음이 흔들린다.

역순경계에 끄달리지 않고 집착하지 않으려면 그 올라오는 급한 생각에다 화두를 들어야 한다. 경계에 부딪히는 순간에도 화두에 마음이 확고하게 걸려 있으면 경계마저 무너지게 마련이다. 그리고 경계에 부딪혀 올라오는 마음자리에다 화두를 들면 적어도 경계에 속아 붙들려가지 않는 법이다.

들뜬 마음과 혼미한 마음에서 벗어나 깨어 있는 길

　가부좌를 틀고 앉자마자 의식 속으로 들어오는 온갖 잡념 때문에 곤란함을 겪는다. 이러저런 생각의 다발들이 꼬리에 꼬리를 물고 쉼없이 일어나는 것이다. 마치 햇살에 비치는 먼지처럼 바글바글 피어난다.

　사실 그것은 마음의 파편들이다. 그 파편들이 마음이 고요해지는 순간 떠오르는 것이다. 따라서 그런 것들을 애써 물리치거나 피하려는 마음을 낼 필요는 없다. 물리치려는 마음을 내면 오히려 그 마음에 내가 잡힌다. 잡념이 떠오르건 사라지건 상관치 말고 내버려 두라. 잡념이 떠오르면 그것을 억지로 누르지 말고 잡념이 들어오는구나 하고 알아차려라. 알아차리면 곧 사라진다.

잡념이 떠오르는 것은 두 가지 경우다. 하나는 마음이 안정되지 못하고 산란하게 들떠 있기 때문이다. 다른 하나는 고요한 마음의 틈바구니를 통해서 들어오는 잡념이다. 후자는 화두를 들어가다 고요한 가운데 잠깐 한눈을 판 사이에 생겨나지만, 전자는 마음을 내려놓지 못하고 이 생각 저 생각으로 마음이 시끄럽고 바쁘기 때문에 일어난다. 이렇게 잡념으로 인해 화두가 들리지 않고 마음이 흔들리고 안정을 찾지 못하는 현상을 도거(掉擧)라고 한다.

마음이 들뜨는 현상은 비단 좌선할 때만 떠오르는 것이 아니다. 일상생활 중에도 우리 마음속으로 찾아온다. 흥분하여 갈피를 못 잡고 안절부절못하는 상황이 그렇다. 이 생각 저 생각에 마음을 빼앗겨 현실에 깨어 있지 못하는 모습도 여기에서 벗어나지 않는다. 이렇게 마음이 들떠 있으면 사태를 올바로 보지 못한다. 따라서 간화선 수행자는 좌선 중에는 물론 좌선을 풀고 일상생활을 할 때도 마음에 화두를 간직하여 산란한 마음에 마음을 빼앗겨서는 안 된다. 생활 속의 수행은 화두로 흥분된 마음, 들뜬 마음, 갈팡질팡하는 마음을 잠재우면서 일을 해 나갈 때 그 가치가 빛난다.

그리고 좀 전에도 말했다시피 참선할 때 잡념이 들어오면 그것과 씨름하면 힘들고 괴롭다. 잡념과 싸우다 보면 또 다른 망상을 피우는 꼴이 되고 마음만 지친다. 잡념이 오면 알아차리고 적당히 놀아준다. 그러면 금방 사라진다. 사라지면 다시 화두를 들고 나간다.

그 다음 두 번째로 참선을 방해하는 요소가 혼침이다. 혼침이란 정신이 혼미하여 몽롱한 상태에 들어선 것을 말한다. 좌선중에 졸거나 심하면 수면에 빠지는 것을 말한다. 많은 사람들이 참선하고 있는 선방에서도 코 고는 소리가 들리기도 한다. 그 코 고는 소리를 들으면서 피식 웃는 분도 많을 것이다. 흔히들 초심자들이 잡념으로부터 벗어나자마자 혼침에 빠져들기 쉽다. 정신이 몽롱하여 고개를 끄덕이면서 졸거나 비몽사몽으로 빠지는 것이다.

사실 잠은 웬만큼 수행하는 스님들도 극복하기 힘들다. 천 근 바위보다 더 무거운 것이 눈꺼풀이라고 했다. 눈꺼풀이 내려앉을 때는 아무리 안간힘을 써본들 불가항력이다. 사실 사람은 적당한 시간 수면을 취해야 한다. 잠이 오는 것은 당연하다. 오히려 잠을 못잘 경우 큰 탈이 난다. 그런데 좌선할 때 졸음이나 잠이 오면 이것은 큰 낭패이다.

따라서 초심자의 경우, 충분히 잠을 자 두고 정신이 가장 맑은 새벽이나 아침에 참선을 하면 혼침을 피할 수 있을 것이다. 잠이 물밀 듯 몰려오는데 화두가 마음속으로 들어올 리 만무하기 때문이다. 또한 참선할 때 졸음이 몰려오면 억지로 물리치려 하지 말고 적당히 졸아주는 것도 한 방법이다. 그리고 먹는 량을 조절하여 적게 먹으면 그만큼 피로가 덜 쌓이니 가벼운 몸과 마음상태에서 잠으로부터 어느 정도 자유로울 수 있다.

또 다른 방법은 화두에 명료하게 깨어 있는 것이다. 화두가 간절하고 절실하게 마음속에 자리잡고 있다면 잠이 찾아올 리 만무하다. 이렇게 해서 좌선한 채 화두로 졸음과 잠을 극복하는 것이 숙달되면, 일상생활 속에서도 화두를 들고 졸음과 잠을 효과적으로 극복할 수 있다.

화두가 마음에 명료하게 걸려 있다면, 밀밀하고 촘촘하게 화두가 살아 움직인다면 잡념은 물론 졸음과 잠도 들어올 여지가 없다. 선방에서 참선할 때뿐만 아니라 무슨 일을 하기 전에 잠시 화두 드는 시간을 가져보라. 정신이 또렷또렷해지고 하는 일에 집중도 잘 될 것이다.

신비한 현상에 속지 마라

화두를 순일하게 들어나가다 보면 신비한 현상이 전개되기도 한다. 화두 참선뿐만 아니라 다른 수행법에도 수행이 진전되다 보면 그런 경우가 나타난다. 물론 그런 신비한 현상이 일어나지 않는 사람도 있다. 그러나 많은 경우 그런 현상에 직면할 수 있다.

갑자기 몸이 공중에 붕 뜨는 황홀한 상태를 맛보기도 하고, 커다란 불길이 뻗치는 기분도 느끼고, 다양한 빛깔 속으로 자신의 녹아드는 느낌도 들어온다. 어떤 경우 황금빛 불보살님이 보이기도 한다. 시각적인 모습뿐만 아니라 이상하고 신비한 소리가 들리는 경우도 있다. 또는 사람에 따라서 한없이 슬퍼지거나 기뻐하는 현상이 벌어진다. 몸이 마구 떨리기도 한다. 이렇듯 신비로운 다양한 감각적 경험을 하게 되는 것이다. 그것은 마음 깊숙이 잠겨 있던 에너지가 의식의 빈틈이나 열림을 통해 발산되는 현상이다.

이러한 신비한 현상은 수행을 통해 어느 정도 삼매의 상태에 이르렀을 때 전개된다. 그러나 이것은 완전한 삼매의 상태가 아니라, 정신이 고도로 집중된 상태에서 의식의 빈틈이나 열림을 통해 드러나는 현상이다. 그 빈틈으로 마음에 깊숙이 잠재되어 있던 모습들이 보이거나 들리는 것이다.

사람의 마음은 참으로 오묘하다. 특히 무의식속에 잠재되어 있는 마음의 모습은 헤아릴 수 없을 정도로 광대무변하다. 생각해 보라. 우리 마음은 태고적부터 쌓아온 우주의 모든 것이 들어가 있다. 거기에는 집단적인 것도 있고 개인적인 것도 있다. 불보살님의 모습, 신들의 모습, 괴물, 용의 모습은 물론 과거의 억눌린 감정까지 있다.

그런데 문제는 신비한 현상을 만나게 되면 마음이 그곳으로 끌리기 마련이어서 자꾸 그런 것을 다시 체험해 보려고 기대하며 애쓰기도 한다. 어떤 경우에는 그러한 현상을 목격하고 거기에 속아 수행을 다 마친 듯이 자만심에 빠지기도 한다.

또한 그런 신비한 현상에 직면해서 그 경지를 또 한 번 체험해 봐야지 하고 의도적으로 노력하다 보면 오히려 그 생각에 사로잡혀 수행에 진전을 볼 수 없다. 어떤 의도도 없이, 어떤 기대감도 갖지 말고 화두를 지속적으로 들고 나가야 한다. 심지어 깨달음에 대한 기대감도 갖지 말아야 한다. 그러한 깨달음에 대한 기대감이 망상으로 작용하여 수행을 방해하기 때문이다.

화두는 아무런 맛도 없고, 아무런 생각도 닿을 수 없는 것이다. 이러한 아무런 맛도 없는 화두를 들고 있는 한, 그 어떤 신비한 현상이 일어나서도 안 된다. 화두가 순일하게 지속되어 화두삼매의 상태에 이르면 정말 아무런 재미도 없는 무덤덤한 경지가 전개될 뿐이다. 그것을 몰자미(沒滋味)라 한다. 아무런 맛도 없다는 것이다. 그래서 화두를 아무런 맛도 없는 무쇠로 만든 떡이라고도 한다. 이러한 무쇠로 만든 떡을 한 입에 씹어서 두 동강 낼 때 화두가 타파되는 것이다.

그러나 사람들은 수행하다가 신비한 현상에 접하면, 그것이 참 환희롭고 황홀한 기쁨이기도 하여 다시 한 번 그런 경지를 체험해 보려는 기대감을 갖는다. 수행상담을 하다 보면 의외로 이러한 분들을 많이 볼 수 있다. 물론 그런 심정을 충분히 이해할만하다. 잘 들리지 않던 화두가 순일하고 편하게 들리고 거기에다 신비한 현상까지 체험하니 그 아니 설레고 기쁘지 않겠는가. 하지만 그런 것에 집착하게 되면 오히려 거기에 걸려 그것이 망상으로 작용할 수 있으니, 그저 화두만 지속적으로 들고나가야 한다.

신비한 현상이 오더라도 거기에 속거나 마음이 가지 말고 화두를 다시 한 번 힘차게 들어야 한다는 것이다. 물론 그런 경지까지 가는 것도 쉽지는 않지만, 거기에 머무르면 더 이상 수행의 진전은 없으며 자칫 다른 길로 빠질 수 있다는 점을 명심해야 한다.

14...
왜 선지식의 가르침을 받아야 하는가?

간화선에서 선지식(善知識)은 발심과 더불어 중요한 두 가지 축을 이룬다. 선지식이란 수행길의 안내자이자 지도자이다. 마음을 다스리고 깨우치게 하는 정신의 스승이다. 《화엄경》에서는 선지식의 역할에 대하여 이렇게 정의한다.

"선지식은 사람들을 인도하여 일체지(一切智)로 가게 하는 문이며 수레이며 배이며 횃불이며 길이며 다리다."

낯선 길을 가는 나그네에겐 이정표나 안내자가 필요하듯이 마음길을 찾아나서는 구도의 여정에 스승의 지도나 안내는 너무나 절실하다.

마음의 소를 길들여 원하는 바대로 자유자재로 움직이

려면 제멋대로 나대며 요동치는 마음의 작용을 잘 제어해야 한다. '열 길 우물 속은 알아도 한 길 마음속은 모른다'고 했다. '내 마음 나도 모르게'라는 노래가사도 있듯이 정말 스스로도 내 마음의 갈 길을 잘 모른다는 것이 솔직한 표현이다. 그러나 한 길 마음속이라 했지만, 사실 마음은 깊은 바다와 같다. 내 마음은 대우주의 모든 것이 들어가 있는 소우주다. 이러한 마음의 움직임을 잘 파악하여 적절히 길들이고 이끄는 데는 훌륭한 수행 지도자가 아니고선 매우 어렵다.

특히 간화선에서 선지식의 역할은 수행자의 발심을 촉발하고 수행 정도를 점검하며 최종적으로 깨달음을 인가하는 역할을 해야 하기 때문에 어느 수행 지도자보다 그 역할이 지중하다. 깨달음을 인가하는 객관적인 잣대가 없는 상황에서 깨달은 자만이 깨달음의 등불을 밝혀줄 수 있기에 더욱 그러하다.

선지식은 수행자의 진정한 발심과 공부를 위해 그의 모든 생각과 고정된 견해를 완전히 제거해 버린다. 가풍에 따라 그러한 수행길로 자상하게 인도해 주는 스승이 있는 반면 방망이로 때리고 고함치는 스승도 있다. 너무하다 싶을 정도로 제자를 두들겨 패고 내쫓아 보내기도 하지만 그 모두 수행자가 올바른 길로 접어들게 하기 위한 자상한 배려에서 나온 대자비의 행위이다.

따라서 수행자는 이러한 선지식을 절대적으로 신뢰하고 자신의 모든 것을 내려놓아야 한다. 선지식에 대한 조금의 의심이라도 생기면 그 자리에서부터 어긋난다.

그렇다면 일상적인 사회생활을 하는 재가자들은 어떻게 선지식을 찾고 지도를 받을 것인가? 사실 출가한 스님들도 선지식을 제대로 찾기 어려우며 누가 선지식인지 판단하기 어렵다고 호소하는 마당에 어떻게 재가자가 선지식을 찾으란 말인가?

일단 어느 누구라도 선지식을 찾기 위해 구도심을 불태우며 수행하고 기도하면 자신의 수행 정도에 따라 선지식을 찾기 마련이라는 점을 말해 주고 싶다.

그 좋은 방법으로는 조사어록이나 경전, 그리고 선지식들의 법문이나 녹음테이프를 듣고 발심을 촉발하고 수행해 나가는 것이다. 특히 법문을 듣는 과정을 통해 자신의 마음을 휘어 감는 선지식과 만날 수 있다. 설사 그 과정 속에서 선지식을 못 만난다 할지라도 선지식 찾기를 게을리하지 말아야 한다. 정말 훌륭하게 수행길을 가신 분들의 이야기를 접하다 보면 막막한 가운데서 절실하게 선지식을 찾았고 너무나도 신기하게 선지식과 만났다는 것이다. 그분들이 말하는 한결같은 말씀은 눈을 밝히고 길을 찾아 나서면 어느 순간 불쑥 선지식과 운명적인 조우를 하게 된다는 것이다.

그리고 재가자들을 위한 선방이 개설된 곳으로 가면 거기 안내자나 지도자가 있으니 그런 곳을 찾아가는 것도 하나의 방법이다. 또한 현재 종단차원에서 운영되고 있는 간화선 수행프로그램에 참가하면 선지식을 통해 화두를 받을 수 있으므로 이러한 프로그램에 참석하는 것도 좋다.

여하튼 어느 곳이든 길은 있고 선지식은 있다. 내가 얼마나 간절한 마음을 내느냐, 내가 얼마나 수행에 진지하게 임하느냐에 따라 선지식을 예기치 않게 만나게 될 것이다.

15...
화두가 익어 타파되는 과정

의심이 걸리지 않는 화두는 죽은 말과 다름없다 하여 사구(死句)라 한다.

간화선에서는 이 의심과 관련한 여러 가지 용어가 있다. 의정(疑情)·의단(疑團)·타성일편(打成一片)·은산철벽(銀山鐵壁) 등이 그것이다. 그 말들은 화두가 익어가는 과정과 관련이 있다. 맨처음에 화두를 들면 아무리 발심이 되었다 해도 망상과 화두가 오락가락한다. 처음부터 화두를 순일하게 들 수는 없다. 지속적으로 실천하면서 화두 드는 힘을 키워나가야 한다. 그러다 보면 화두가 마음속에서 점점 자리가 잡힌다.

그러다가 화두 드는 것이 힘이 들지 않고 쉽게 화두에 몰입하는 때가 온다. 그것을 《서장》에서 대혜선사는 힘을 더는 곳(省力)이라 했다. 바로 그 힘을 더는 곳이 화두 드는 데 힘을 얻는 곳(得力)이다. 그럴 때 화두 드는 것이 아주 편해져 심신이 가벼워진다. 이와 관련하여 의정이라는 말이 따라온다.

의정이란 화두에 대한 간절한 의심이 감정처럼 솟아나오는 것을 말한다. 감정이란 억지로 지어내서는 제대로 나오지 않는다. 푹 익었을 때, 마음이 그렇게 고조되었을 때 자연스럽게 물 흐르듯 흘러나오는 것이 감정이다. 흔히 감정은 속일 수 없다고 한다. 좋으면 좋아서 기뻐하면서 웃는 것, 슬프면 가슴아파 흐느끼는 것, 부끄러우면 자신도 몰래 얼굴이 빨개지는 것은 자연스러운 일이다. 화두에 대한 의심도 이렇게 감정처럼 되어 자연스럽게 솟아나는 것을 일컬어 의정이라 한다. 그것은 문고리에 고리가 걸리듯이 화두가 우리 마음의 한복판에 자연스럽게 걸려 있기 때문에 그렇게 되는 것이다.

이렇게 화두가 내 마음의 중심에 걸려 있으면 우리는 태산처럼 흔들리지 않고 오롯이 앉아 있을 수 있다. 이 의정의 농도가 매우 진한 상태를 의단이라 한다. 의단이란 '의심 덩어리' '의심뭉치' 라는 뜻이다. 의심이 똘똘 뭉쳐 단단한 덩어리처럼 납작하게 된 것이다. 이와 관련하여 "뚜렷한 한 조각을 이룬다"는 '타성일편(打成一片)' 이라는 말이 있다. 마치 맑은 가을 밤 하늘에 달 한 조각이 덩그렇게 걸려 있듯이 의심 덩어리가 뚜렷한 한 조각을 이루어 마음 속에 걸려 있는 것이다. 그것은 달리 말하자면 나와 화두가 빈틈없이 일치되어 내가 화두와 한 조각을 이룬 것이나 다름없다. 이렇게 의심 덩어리 하나만 홀로 드러나 있는 상태를 의단독로(疑團獨露)라 한다.

의단이 하늘에 박힌 달처럼 뚜렷한 한 조각을 이루어 밝게 빛나는 상태를 더 극적으로 표현한 말이 은산철벽(銀山鐵壁)이다. 은산철벽이란 은으로 만든 산이요 철로 이루어진 산이다. 철옹성보다 더 견고하고 빈틈이 없는 난공불락의 장벽이 앞길을 턱 가로막고 있는 것이다. 아니 앞길뿐만 아니라 사방이 이러한 은산철벽으로 갇혀 있어 옴짝달싹 못하는 것이다. 좌로 가도 막혀 있고 우로 가도 막혀 있다. 그렇다고 뒤돌아갈 수도 없다. 전진할 수도 없으며 모든 퇴로가 완전히 차단된 것이다.

이러한 상황은 화두가 완전히 내 마음을 차지하고 있어서 생각의 길과 말길이 완벽하게 끊어져 오도 가도 못한 상태를 은산철벽으로 비유하고 있는 것이다. 다시 말해서 화두 의심이 빈틈없이 이어져 전후좌우 한 발자국도 나갈 수 없는 절박한 상황, 극한상황을 일컫는다. 오도 가도 못하는 그러한 상황 속에서 아주 강렬한 힘으로 밀어붙이는 순간 은산철벽이 한 순간에 와르르 무너진다. 일격에 장작이 두 동강 나면서 쫙 쪼개지듯이 화두가 일순간에 타파되는 것이다. 꽉 닫혀 있던 문 없는 문, 그 화두라는 관문이 활짝 열리는 것이다.

화두가 타파되면 모든 업장, 나를 둘러싼 아상(我相)의 두꺼운 껍질들이 다 뚫려버린다. 진정한 내 모습을 가리고 있던 모든 그림자, 벽, 자아의식, 경계가 와르르 무너져 내린다. 그것은 심신이 탈락되어 몸과 마음의 자취가 홀연히 사라져 빈 배에 달빛만 가득한 정경이다.

16...
깨달음과 중생교화

"깨달음이란 무엇입니까?" "깨달은 사람은 누구입니까?" "깨달은 뒤 어떻게 살아가는 것입니까?"

이런 질문은 던지는 사람들이 많다. 그것은 사실 깨달음이 우리가 지향해야 할 목표이기도 하지만, 그 깨달음이 신비의 베일에 쌓여있기 때문이기도 할 것이다.

사실 깨달은 사람만이 깨달음을 이야기할 수 있기 때문에 그것을 체험해 보지 않는 상태에서 깨달음을 내 자신의 언어로 정확히 표현하기란 불가능할 것이다. 따라서 이 자리에서 애기하는 깨달음에 대한 내용은 깨달음을 보여준 옛 조사 스님의 말씀을 따라갈 수밖에 없다.

마조선사는 "평상심이 바로 도(平常心是道)"라고 했다. 이 말은 깨달음이 저 멀리, 저 언덕에서 쌍무지개 피는 것이 아니라 평상시 움직이는 이 마음, 이 생활 가운데 있다는 사실을 가리킨다. 그렇다면 우리가 근심 걱정에 싸여 하루하루 늙어가는 생활이 깨달음이란 말인가? 결코 그렇지 않다. 마조선사는 우리들의 평상시 마음에 시비와 조작, 취하고 버림, 극단적인 생각에 치우침만 없으면 그것이 깨달음이라고 한다.

나와 너를 나누고, 옳고 그름, 선과 악, 가치와 반가치, 삶과 죽음을 나누어 경계선을 긋고 차별을 만들기 때문에 중생놀음을 할 뿐이라는 것이다. 따라서 시비심·차별심·생멸심, 그리고 인위적으로 조작하는 마음만 돌리면 경계가 없고 한계가 없는 허공과 같은 마음, 부처님 마음으로 돌아간다. 그러나 돌아간다 하지만 그곳은 바로 이 자리이며, 나 자신이며, 나를 둘러싼 산이요 물이다.

그래서 황벽선사는 다음과 같이 말한다.

"지금 그대의 말과 침묵, 움직임과 고요함, 모든 소리와 색깔이 모두 깨달음의 일이거늘 어느 곳에서 부처를 찾겠는가? 머리 위에서 머리를 찾지 말며, 부리 위에서 부리를 더하지 마라. 다만 차별적인 견해만 일으키지 않으면 산은 산 물은 물일뿐이다."

마음에 모든 분별심이 완전히 사라져 깨닫게 되면 가슴 속이 환히 밝은 것이 마치 백천 개의 해와 달과 같아 한생각에 시방세계를 꿰뚫어 안다고 한다. 어디로 가야 할지, 무엇을 해야 할지 갈 길이 보인다고 한다.

깨달은 사람의 마음은 비유하자면 허공과 같은 마음이다. 허공, 그 청정무구한 허공! 자로 잴 수도 없고 늘거나 줄지 않으며 일어났다 사라짐이 없는 마음, 그러면서도 그 안에서 갖가지 삼라만상들이 꽃을 피우고 열매를 맺으며 생명이 약동하는 자리, 그 자리가 깨달음의 자리다.

그런 허공과 같은 마음을 지닌 사람은 마음이 쉬어서 여유롭고 부드러우며 한가하고 걸림이 없다. 그 사람의 발길은 자연스럽고 여유로우며 한가하다. 아무리 총알처럼 빨리 움직인다 하더라도 그 사람 앞에서는 한없이 한가하고 느리게 보인다. 그는 일 없는 한가한 도인이다.

그 도인은 깨달은 뒤 어깨에 바랑을 메고 시장 바닥을 거닐며 중생을 교화한다. 그것이 '십우도(十牛圖)'에 나오는 마지막 장면인 입전수수(入廛垂手)이다. 사람들이 살아가는 시장 속에 들어가 자비의 손길을 내민다는 의미다. 그 늙은이가 짊어진 바랑에는 고통받는 사람들에게 나누어 줄 갖가지 물건들이 담겨 있다. 늙은이는 시장 바닥에서 지나가는 사람들에게 묻는다.

“그대는 어디에서 왔소? 어디로 가시오?”

“그대는 누구요?”

그 늙은이는 오늘날 명동 거리를 거니는 청춘남녀에게 묻는다.

“그대는 어디로 가는가?”

“그대는 누구인가?”

과연 이 목소리가 내 마음을 헤집고 속살 가득히 들어와 몸서리치듯 전율하며 들어와 박히는가?

“나는 누구인가?”

“나는 어디로 가는가?”

위빠사나 수행

1

위빠사나란 무엇인가

위빠사나는 초기불교의 대표적인 수행법으로 현재 동남아시아는 물론 미국을 비롯한 서구사회에 깊은 영향력을 끼치고 있다. 그리고 우리나라에서도 위빠사나를 수행하는 사람들이 점증일로에 있다.

그렇다면 위빠사나란 어떤 수행이길래 많은 사람들을 매료시키며 번뇌를 제거하는 것은 물론 사람들의 가슴에 자비로움과 평화로움으로 충만하게 하는 것일까?

위빠사나는 모든 존재를 있는 그대로 꿰뚫어 보는 수행법이다. 이 위빠사나라는 말의 원어는 'vipasana'이다. 이 말은 고대 인도어로서 산스크리트어에서 파생된 빨리어다.

전에는 우리말로 ‘위파사나’ 라고 발음했는데 현재는 원래의 발음대로 ‘위빠사나’ 라고 읽는다. 이 말을 분석하면 ‘위(vi)’ 란 ‘잘’ ‘분리하다’ 라는 뜻이고, ‘빠사나(pasana)’ 란 ‘관찰’ ‘식별’ ‘봄’ 을 의미한다. 풀이하자면 ‘잘 봄’ ‘꿰뚫어 봄’ ‘통찰’ 을 의미한다. 있는 그대로, 움직이는 그대로, 느껴지는 그대로 선입견 없이 대상을 따라가면서 알아차리는 것이다. 이것을 한자로 관(觀) 혹은 관법(觀法)이라 번역했다. 영어로는 ‘insight’ 라고 한다.

이 위빠사나와 함께 쓰이는 말이 ‘사마타(samata)’ 이다. 사마타란 고요한 집중을 의미한다. 고요한 집중을 통해서 있는 그대로의 통찰이 이뤄지기 때문에 사마타는 위빠사나의 전제 조건이기도 하다. 사마타는 마음을 모아 집중해 들어가기 때문에 고요한 삼매 속에 머물게 되어 망상과 분별작용을 그치게 된다. 그래서 사마타는 지(止)라고 번역되었다. 다시 말해서 사마타는 마음을 어느 한 대상에 집중하여 순수무잡한 삼매의 상태에 이르는 것으로 선정(禪定)을 얻는 수행이다.

번뇌와 망상이 그쳐야 있는 그대로 통찰하는 위빠사나가 가능하다. 그래서 사마타와 위빠사나는 새의 양 날개,

혹은 한 쌍의 바퀴로 비유된다. 마음이 들떠 있으면 산란해져 제대로 보지 못한다. 마음에서 모든 분별작용이 사라져 고요해졌을 때, 즉 사마타가 이루어졌을 때, 대상을 있는 그대로 보게 되는 위빠사나의 작용이 잘 이루어지는 것이다. 물결이 잔잔하게 맑고 고요한 순간 모든 것이 있는 그대로 드러나듯이 말이다.

이렇게 사마타와 위빠사나, 즉 지와 관, 선정과 지혜는 함께 어울려다닌다. 그래서 지와 관이 함께 돌아간다고 해서 '지관쌍운(止觀雙運)'이라 하며, 밝게 깨어 있음과 고요한 평화로움이 서로 균형을 맞추며 유지된다고 해서 '성적등지(惺寂等持)'라 한다. 이러한 원리는 사실 어떤 수행에서도 공통적으로 따라오는 불교 수행의 핵심이기도 하다.

그러면 어떻게 위빠사나 수행을 통해 속박에서 벗어나 자유로운 해탈과 지혜를 성취하게 되는가? 위빠사나에서 중요한 것은 알아차림이다. 모든 느낌에 대해 있는 그대로 알아차리는 것이다. 그렇게 알아차리다 보면 모든 것들이 일어났다가 사라지는 무상한 것임을 깨닫게 된다. 아무리 고통스러운 느낌도 그것을 피하지 말고 살펴본다. 그렇게 보면 이윽고 사라진다. 알아차리지 못하면 고통과 성냄의 부림을 받아 거기서 벗어나지 못한다. 즐거운 느낌도 집착하면 병이다. 거기에 붙들리지 말아야 한다. 붙들리지 않으려면 바라보고 알아차려야 한다. 그러면 사라진다. 그리하여 모든 대상에 대해 탐욕과 집착을 일으키지 않는다. 탐욕과 집착이 없어지니 업이 쌓이지 않고 그대로 해탈되며 자유로운 마음이 되고 깨어 있게 된다. 다음의 《맛지마니카야》 경전 말씀을 들어보자.

"그는 그들 현상에 대해 집착하지 않고, 혐오하지 않고, 의존하지 않고, 매이지 않고, 벗어난 상태로, 얽히지 않은 상태로, 자유로운 마음으로 머물렀다(MN. vol.3. p.25)."

수행이 진전되면 비단 '몸'이나 '느낌' 등이 직접적인 관찰대상 뿐만이 아니라 주위의 여러 현상에 대해서도 훤하게 깨어 있는 상태를 체험한다. 있는 그대로 보고 행동하되 거기에 집착하지 않으니 자유로움만 있을 뿐이다. 그것이 무명을 벗어난 지혜로운 삶이다. 또한 알아차리는 순간 번뇌에 부림을 당하지 않으며 그런 것들로부터 벗어나기에 평화로운 몸과 마음의 상태를 유지할 수 있다.

2

사념처 수행과 마하시 위빠사나

(1) 사념처

위빠사나의 대표적인 수행 형태가 사념처관(四念處觀)이다. 사념처관이란 네 가지 영역에 대한 알아차림을 의미한다. 그 네 가지란 신(身) · 수(受) · 심(心) · 법(法)이다. 다시 말해서 몸과 몸의 움직임, 느낌의 작용, 마음작용, 나와 대상세계의 구조에 대해서 알아차리는 것이다.

신념처에서는 이 몸은 부정하다고 관하여 몸에 대한 집착을 다스려 마음의 자유를 얻는다. 수념처에서는 좋은 느낌, 싫은 느낌, 좋지도 싫지도 않은 느낌을 알아차려 느낌에서 자유롭도록 하는 것이다. 심념처관은 마음은 항상 무상하고 변하고 있다고 관한다. 조건에 따라 수시로 변하는 마음작용을 한정시켜 제한하지 않는다. 고정관념을 버리고 세상을 보는 의식이 깨어난다. 법념처관은 나와 세상을 구성하는 모든 것은 실체가 없다고 관하는 것이다. 이러한 관법을 통해서 '나' '내 것'이란 없다는 리얼리티를 체험한다.

현재 남방불교, 즉 스리랑카·미얀마·태국 등에서 전개되는 위빠사나 수행은 모두 이 사념처에 근거하여 나름대로 실용화하여 체계를 잡은 수행법이다. 그 실천방법은 가풍에 따라 다르다. 그러나 그들 모두 고통스러운 집착에서 벗어나 자유로운 해탈을 얻는 힘을 기른다는 데서는 한결같다. 위빠사나의 힘이 증장되면 네 가지 영역의 구분은 없어진다. 몸과 마음, 감각과 대상은 모두 연결되어 있기 때문에 그렇다. 단지 초보 수행 단계에서는 각각의 수행가풍에 따라 사념처의 여러 가지 방법 중 어느 한두 가지를 택하지만 궁극에서는 한 맛으로 통하는 방편이다.

위빠사나의 대표적인 현대화된 수행은 마하시 수행법과 고엔카 수행법으로 대별된다.

(2) 마하시 위빠사나 수행법

마하시 위빠사나는 마하시 사야도(선사 또는 스승)가 널리 보급했기 때문에 그렇게 불린 명칭이다. 마하시 위빠사나는 좌선(坐禪)과 행선(行禪)을 병행하면서 진행한다.

우선 좌선한 상태에서 배의 움직임을 관찰한다. 1단계는 배가 호흡에 따라 일어나고 꺼지는 것을 알아차린다. 배가 일어나고 꺼지는 모습은 육체의 두드러진 현상으로 누구나 쉽게 관찰할 수 있으며 그러한 배의 움직임에 집중하면 집중이 잘 된다.

배가 일어나면 '일어남' 이라고 알아차리고 배가 꺼지면 '사라짐' 이라고 알아차린다. 그러나 '일어남' '사라짐' 이라는 단어를 입으로 말하진 않는다. 마음속으로 반복해 되새기면서 그 상태를 보는 것이다. 주의할 점은 배의 움직임을 잘 보기 위해서 일부러 호흡을 깊게 하거나 빠르게 해서는 안 된다. 그렇게 인위적으로 호흡하면 쉽게 피로해져 수행에 방해를 준다.

2단계는 배의 움직임을 알아차리다가 도중에 여러 가지 생각과 상상이 떠오르면, 그 순간에 그렇게 떠오른 생각의 작용을 알아차린다. 싫다는 생각도 들 것이고 좋다는 생각도 들 것이다. 이처럼 마음에서 생각들이 일어날 때마다 알아차려서 사라질 때까지 관찰한다. 마치 차창 밖으로 풍경이 지나가듯 떠오른 생각이 지나가도록 내버려 둔다. 생각이 사라진 뒤에는 다시 배의 움직임으로 돌아온다. 침이 입안에 고이면, 고인 것을 알아차리고, 삼켜야겠다는 의도가 생기면 그 의도를 알아차린다. 삼키는 과정에선 '삼킴' 하면서 알아차린다. 그리고 다시 배의 움직임으로 돌아온다.

3단계는 오랫동안 고정된 자세로 수행하다 보면 다리가 저리고 아프기 마련이고 때론 가렵기도 한데, 이런 느낌이 일어나면 단지 그 느낌이 일어난 몸의 부위를 '피곤함' '아픔' '가려움' 하고 알아차린다. 그리고 그러한 현상들이 어떻게 변화하는지 알아차린다. 그러다 보면 그런 느낌이 점차 줄어들어 마침내 사라질 것이다.

만일 아프고 가려운 느낌이 더욱 강해져 오히려 수행을 방해할 정도면 자세를 바꾸어 준다. 이때도 자세를 바꾸려는 의도와 자세를 바꾸는 동작도 역시 빠짐없이 알아차려야 한다. 그리고 그런 현상이 사라지면 다시 배의 움직임으로 돌아온다. 나아가 좌선하다 무엇이 보이면 '봄' '봄' 하고 알아차리고, 소리가 들리면 '들림' '들림' 하고 알아차린다. 주의해야 할 점은 마음을 평온하게 하고, 치우치지 않는 마음상태를 유지하면서 그러한 느낌을 알아차린다는 것이다.

다음은 행선(行禪)하면서 수행하는 법을 알아보겠다. 행선이란 걸으면서 선에 드는 것이다. 발의 보폭은 자기 발의 길이 정도로 하고 두 발은 어깨넓이 만큼 벌린 상태에서 걷는다. 손은 차수를 한다. 시선은 자기 키 정도의 앞을 내려다본다. 걸을 때 눈을 감지 말고 반개한 상태로 둔다. 고개를 바르게 펴고 시선을 앞으로 내리고 자연스럽게 천천히 걷는다. 발을 내려놓을 때 발바닥 발뒤꿈치부터 가지런히 자연스럽게 내려놓는다. 서 있을 때는 '서 있음' '서 있음' 하고 알아차린다. 왼발을 움직이면서 '왼발' 하고 알아차리고 오른발을 움직이면서 '오른발' 하고 알아차린다.

그 다음 단계에서 왼발 오른발 구분 없이 발을 들었다가 땅에 디딜 때 '듦' '놓음' 하고 알아차린다. 더 진전하면 '듦' '나아감' '놓음' 이라는 세 단계로 걷는 상태를 알아차린다. 행선할 때는 대략 10m의 거리를 달팽이 기어가듯 느릿느릿 왔다 갔다 한다. 그래서 돌아 설 때는 돌려고 하는 의도를 '의도' '의도' 하고 알아차린 후, '돎' '돎' 하면서 도는 동작을 알아차린다. 돌아섰을 때는 '돌아섬' '돌아섬' 이라고 알아차린다. 이렇게 좌선 혹은 행선하면서 알아차리는 것 외에 일상생활 중에서도 모든 일어나는 움직임과 생각을 그때그때 알아차리는 것이 중요하다. 세수할 때, 양치할 때, 밥 먹을 때 그 순간에 집중해 그 동작을 분명히 알아차린다.

그렇다면 이러한 알아차림을 통해서 우리는 무엇을 얻게 되는가? 수행이 진전되면 두 가지 사실을 알게 된다. 배의 움직임을 관찰할 경우, 배의 일어남과 그것을 알아차리는 마음을 통찰하게 된다. 마음과 육체의 현상을 구별하게 되는 것이다. 그 다음 그렇게 움직이게 하는 의도와 조건을 알아차린다. 즉 원인과 조건에 의해서 일어나고 사라지는 모습을 알아차리는 것이다. 그리고 궁극적으로는 모든 것이 일어났다가 끝내는 사라진다는 사실, 영원한 것은 아무것도 없다는 사실을 알아차린다. 곧 무상과 무아를 통찰한다. 그렇다면 모든 조건지어진 현상에 대해서 흔들리지 않고 마음의 평정을 유지하는 것은 물론 '나' 라든가, '나의 것' 이 없다는 지혜가 생겨 마음이 만족하고 편하게 된다.

3

고엔카 위빠사나

　　고엔카 위빠사나는 '코엔카' 라는 재가신도가 널리 보급했기 때문에 그렇게 불린다. 고엔카 위빠사나는 호흡이 들어오고 나가는 것을 관찰하는 수행법으로 출발한다. 그것을 호흡이 들어오고 나가는 것을 알아차린다고 하여 입출식념(入出息念)이라 한다. 이러한 호흡에 대한 집중을 통해서 고요한 선정의 힘을 닦고 그 다음 우리 몸 전체에서 일어나는 감각을 통찰하여 자유로운 생명의 흐름을 체험한다. 그리고 자비로운 마음을 내어 내 마음과 뭇 중생들의 마음에 행복을 꽃피게 하는 자관(慈觀)으로 회향한다. 이러한 일련의 과정이 고엔카 위빠사나 10일 코스로 진행된다.

　들어오고 나가는 호흡을 알아차리는 입출식념을 아나빠나사티(ānāpānasati)라 한다. 호흡할 때 그 호흡이 들어오고 나가는 모습이 잘 관찰될 수 있는 콧구멍 입구와 그 내부에 마음을 고정시킨다. 그렇게 해서 들어오고 나가는 호흡의 자연스러운 흐름을 꾸준히 지켜본다. 숨이 들어오면 들어온다고 알고 숨이 나가면 나간다고 알아차린다. 그러다가 점차 숨에 대한 미세한 감각까지 알아차린다. 즉 들어오거나 나가는 숨이 짧으면 짧다고, 길면 길다고 알아차린다. 들어오거나 나가는 숨이 차거나 따스하면 또한 그렇게 알아차린다.

　그 다음엔 호흡의 들숨 날숨을 꾸준히 지켜봄과 더불어, 호흡이 콧구멍 안쪽 벽과 바깥 구멍, 아니면 인중 부분(콧구멍 아래, 윗입술 위)을 접촉하는 것을 주의 깊게 살펴본다. 입출식념의 마지막 단계로 윗입술을 기반으로 콧구멍 전체 부분을 포함하는 코의 삼각형 부분에 주의를 집중한다. 그렇게 집중하면서 거기에서만 느껴지는 느낌만 알아차린다. 그곳에서 아무런 감각도 느낄 수 없을 때에는 호흡이나 호흡의 접촉을 알아차린다. 그리고 그 부분에 감각이 일어나자마자 주의를 그 감각에 기울이면 된다.

그 다음 몸에서 일어나는 감각을 관찰하는 수념처(受念處, Vedanānupassanā)를 진행한다. 머리에서부터 발끝까지 하나하나 피부에 느껴지는 감각을 알아차리는 것이다. 관찰하는 순서는 정수리에서 시작해서 머리카락이 있는 두개골 부분, 이마를 비롯해서 귀를 포함하는 안면부, 오른쪽 어깨로부터 상박부 · 팔꿈치 · 하박부 · 손목 · 손 · 손가락 순서로 관찰해 내려오고, 반대편 왼팔도 같은 요령으로 관찰한 뒤, 목 · 가슴 · 복부 · 하복부 순서로 상체의 앞면을 관찰하고, 마찬가지로 뒷목에서부터 시작해서 상체의 뒷면도 점검하며, 하체도 같은 요령으로 점검해 나간다. 즉, 오른쪽 허벅지부터 시작해서 무릎 · 장딴지 · 발목 · 발 · 발가락 순으로 관찰하고 왼쪽 다리도 같은 방법으로 점검해야 하며, 몸의 어떤 부분도 빠뜨리지 말아야 한다. 이와 같이 머리 정수리부터 발가락 끝까지 몸 전체에서 일어나는 감각들을 차례대로 관찰해 나가는 것을 계속 반복한다.

이렇게 지속적으로 관찰해나가다 보면, 몸 전체에서 혹은 부분적으로 감각의 자연스런 흐름(free flow)을 느낄 것이다. 그것은 일종의 기의 흐름이다. 생명의 에너지인 것이다. 자연스러운 생명의 흐름을 느끼는 것이다. 그 다음 이러한 에너지의 흐름으로 몸 전체를 차례차례 훑고 지나간다.

마지막으로 그 자유로운 에너지의 흐름을 타고 몸 구석구석에 자애로운 마음이 스며들기를 천천히 느낀다. 아울러 그 자애로운 마음을 주변의 인물들에게 방사하여 그들이 함께 행복해지기를 염원한다. 이것을 자관(Metta bhāvanā)이라 한다. 이러한 고엔카 위빠사나 수행을 통해서도 역시 무상과 무아를 터득하며 마음의 평정심이 강하게 확보된다. 마음이 평정해져 놓아버림의 자유를 느낀다. 아울러 자신은 물론 상대방의 몸과 마음에 생명의 흐름과 자비로운 마음이 가득 차오른다.

이러한 고엔카의 수행법을 일상생활에서 간편하게 실천할 수 있는 응용 수행법을 소개해 보겠다. 머리부터 발끝까지 감각을 알아차리는 수넘처 수행에서 각각의 부위에서 차례대로 긴장을 빼고 그것들이 허공 속으로 사라진다고 관한다. 그러면서 온몸에 부처님의 생명에너지가 콧구멍으로 들어와 머리와 얼굴·목·양 팔·손가락 끝·가슴·배·양 다리·발끝까지 스며든다고 관한다.

이렇게 거듭거듭 신체의 긴장을 풀어주고 따스한 부처님 생명이 온몸에 흐른다고 관해나가면 스트레스가 해소되는 것은 물론 아픈 부위도 부드러워져 경쾌한 몸과 마음을 유지할 수 있다. 특히 아픈 부위를 부처님의 밝은 생명이 빛으로 부드럽게 비추어 주면서 그 아픈 응어리가 녹아 없어지도록 계속 관해나가면서 온몸에 생명의 온기를 불어넣어보시라.

고엔카 위빠사나 수행법은 「고엔카 수행법과 대념처경」『대념처경의 수행 이론과 실제』(서울: 근본불교 수행도량 홍천사, 2002, 121-127면)를 실은 『수행법연구』(대한불교 조계종 교육원 불학연구소 편저)의 「위빠사나」 분야를 필자가 약간 가필하여 정리한 것이다.

4...
다섯 가지 마음의 장애를 다스리는 법

【 오정심관 】

오정심관(五停心觀)이란 다섯 가지 중생의 마음을 정지시켜 마음의 장애를 다스리는 관법이다. 이 오정심관은 모든 수행법의 기초이자 기반이기도 하다. 위빠사나든 간화선이든 어떤 수행을 하더라도 이러한 기초 수행법을 익힌다면 수행이 어느 한군데로 쏠리지 않고 조화로운 균형을 형성할 수 있다.

(1) 수식관(數息觀)

수식관은 수식관(隨息觀)이라고도 하며 입출식념(入出息念)이라고도 한다. 들어가고 나가는 숨을 따라가면서 관찰한다고 해서 그렇게 부른 것이다. 고엔카 위빠사나에서 강조하는 수행법이기도 하다. 그리고 숫자를 헤아리는 수식관(數息觀)은 호흡의 숫자를 세어가면서 마음의 안정을 이루는데 효과적이다. 이러한 관법은 주로 마음이 산란한 사람들이 닦는 것으로 자신의 마음을 안정시키는 역할을 한다.

사람들의 마음은 여러 가지 망상과 잡념으로 잠시도 쉬지 않고 움직인다. 무엇을 하다가도 거기에 집중하지 못하고 금방 과거나 미래에 대한 여러 가지 생각이 물밀듯 밀려온다. 이러한 잡념 때문에 잠시라도 마음을 집중하는 것이 불가능할 정도다. 이러한 산란하고 어수선한 마음을 다스리기 위해 고안된 것이 수식관이다. 숨은 생명을 유지하는 행위이다. 이 숨을 안정되게 유지하면 몸은 물론 마음까지 편해진다. 심신이 안정되니 평화로운 마음상태가 유지되는 것이다.

호흡을 헤아리는 수식관(數息觀)의 방법은 다음과 같이 진행한다. 결가부좌나 반가부좌 자세로 앉아서 숨을 들이쉬고 잠시 머물렀다가 천천히 내쉬고는 '하나', 다시 그런 방법으로 반복해서 '둘' ……, 이렇게 열까지 센다. 열까지 세고는 다시 하나부터 반복한다. 이렇게 거듭하다 보면 마음이 자연스럽게 안정된다. 경우에 따라서는 100까지 셀 수도 있고 다시 역순으로 수를 헤아리는 방법도 있다.

그 다음 호흡을 따라가면서 관찰하는 수식관(隨息觀)은 고엔카 위빠사나 수행법을 참고하면 될 것이다. 이렇게 계속 들어오고 나가는 호흡을 알아차리면 마음이 안정되는 것은 물론 긴장된 마음도 풀리고 마음이 편해지기 마련이다.

(2) 부정관(不淨觀)

부정관(不淨觀)이란 몸의 부정하고 허무한 모습을 관하는 것이다. 이는 탐욕은 물론 애욕이 많은 사람들이 닦는 관법이다. 우리들이 애지중지하는 육체가 얼마나 더럽고 부질없으며 결국에는 썩어 문드러져가는 것을 봄으로써 탐욕을 멈추게 하는 것이다.

눈에는 눈곱, 귀에는 귀지, 코에는 콧물, 입에는 타액이 흐른다. 장은 늘 음식물이 소화되고 부패하여 대·소변으로 변화하는 지저분한 것으로 가득 차 있다. 그리고 머리·얼굴·손·발·몸에는 늘 더러운 때와 먼지와 땀이 뒤덮여 있다는 것을 본다.

또한 육신은 세월이 흐르면 늙고 병들어 죽음에 이른다.

죽으면 몸은 검푸른 빛으로 변하며 피는 응결되어 썩어 문드러진다. 이렇게 죽어서 부패하는 모습을 깊이 관찰한다. 그리고 마지막에는 피와 살가죽은 다 사라지고 힘줄에 뼈만 남았다가 다시 힘줄도 없어지면 뼈마디만이 앙상하게 남는다는 것을 관한다.

오늘날 이러한 관법을 시행하기는 불가능할 것이다. 대신 시체해부실을 관람하거나 이와 관련한 영상자료를 보는 것도 그 하나의 방법으로 적용할 수 있다고 본다.

이와 더불어 무상을 깊게 느끼고자 할 때는 무상을 시각적으로 체험할 수 있는 영상자료도 활용할 수 있다. 김성철 교수가 플래시로 만든 〈꽃들은 어디로 갔나〉라는 작품이 있다. 젊고 화려했던 시절이 다 가고 무덤으로 변한 그 자리에 꽃이 피어나는 과정을, 정말 삶의 무상함을 짧은 시간 안에 가슴 깊이 느낄 수 있도록 해준다.

(3) 자비관(慈悲觀)

자비관은 성내고 다투는 마음을 그쳐 자비로운 마음을 내게 하는 것이다. 《화엄경》〈보현행품〉에서는 "한번 성내는 마음을 일으키면 백만 가지 장애의 문이 열린다."라고

하였다. 자기 마음에 거슬리는 순간적인 불쾌감을 참지 못해 우리는 '욱' 하고 화를 낸 결과 인간관계가 불편하고 신뢰가 깨지며 싸움을 일삼는다. 상대방을 괴롭힐 뿐만 아니라 그로 인해 결국은 자신의 마음도 괴롭다.

이러한 성내는 마음을 뒤집으면 자비가 된다. 자비심으로 화내는 마음을 다스리는 것이다. 그 방법으로 모든 사람들이 나 자신이나 나의 자식 혹은 형제자매와 같다고 여겨 자비의 마음을 보내는 것이다. 나를 미워하는 자, 나의 앞길을 방해하려는 자에게도 사랑과 행복과 평화의 마음을 보낸다.

이 자비관을 행하는 하나의 방법으로 다음과 같은 문구를 깊은 호흡을 통해 마음에 새기면서 몇 분 동안 온몸과 마음을 기울여 새겨본다.

"내 자신이 행복하고 평화롭기를 기원합니다."

"내 자신이 고통에서 벗어나기를 기원합니다."

"모든 생명 있는 존재들이 행복하고 평화롭기를 기원합니다."

"모든 생명 있는 존재들이 고통에서 벗어나기를 기원합니다."

(4) 인연관(因緣觀)

욕망과 화가 우리를 절망과 고통의 구렁텅이로 밀어 넣어 삶을 피폐하게 만들지만, 그보다 더 근본적인 인간의 번뇌는 어리석음이다. 이 어리석음으로 인하여 사태를 있는 그대로 보지 못하고 욕망을 일으키고 화를 내는 것이다. 따라서 어리석음은 욕망과 화보다 뿌리 깊은 번뇌의 뿌리이다.

어리석은 마음을 다스려 그치게 하는 것이 인연관이다. 우주 삼라만상이 인연 따라 나고 인연 따라 소멸되는 무상한 존재임을 깨닫는 것이다. 인연 따라 생기고 사라지는 이치를 알아차리면 모든 것을 고정되게 보고 집착하는 어리석음에서 벗어나 지혜가 열리게 된다. 금방 사라지는 헛된 모습에 집착하지 않고 있는 그대로 보는 것이 지혜이며 자유로움이다.

이와 관련하여 계분별관(界分別觀)이라는 관법도 있다. 계는 나와 세상을 분류하는 5온·12처·18계를 말한다. 그러나 이러한 계를 아무리 분석하고 살펴보아도 거기에는 영원불변하는 ‘나’가 없음을 알아차려 ‘나’에 대한 집착을 버리고 무아를 깨닫는 것이다. 보통 이 계분별관까지 합하여 오정심관이라 하지만, 이 계분별관과 인연관이 유사한

까닭에 계분별관 대신 불상관(佛相觀)을 오정심관의 하나
로 거론한다.

(5) 불상관(佛相觀)

불상관은 부처님의 자비로운 모습을 관하여 중생의 업
장을 다스리는 관법이다. 깨달음을 이루어 아름답고 자비
로운 몸을 받은 부처님의 모습을 관하는 것이다. 부처님의
발바닥부터 부처님의 정상에 있는 육계까지 하나하나 차례
대로 모두 관한 뒤 불상의 전체 모습이 나타나도록 한다.
이렇게 지속적으로 관해서 부처님의 원만하고 자비로운 모
습이 내 마음에 가득 차게 된다. 그 결과 부처님의 모습이
내 몸과 마음에 명확하게 자리잡아 나의 중생업이 소멸되
어 부처님을 닮아가게 되는 것이다.

생활 속에서 불상관을 실천하는 간단한 방법을 알려주
겠다. 부처님이 정각을 이룬 원만한 상호라든가 석굴암 석
가모니 부처님 사진 등을 머리부터 발끝까지 계속 지켜본
다. 그러다가 그 사진을 치우고 마음속으로 부처님 모습을
떠올려 보노라면 마음은 부처님 모습으로 미소짓고 평화롭
게 변한다. 마음이 변하니 몸도 그렇게 밝게 변한다.

염불 수행

1

염불 수행이란 무엇인가?

염불은 간화선과 더불어 사람들의 마음을 이끌어 온 두 가지 중요한 수행법이다.

염불(念佛)이란 부처님을 생각하는 것이다. 그러나 그 생각은 단순한 생각이 아니다. 부처님의 이름과 부처님의 모습과 부처님의 마음을 내 몸과 마음으로 간직하고 기억하며, 떠올리고 새기며, 느끼고 행위하는 것이다. 부처님을 그리워하고 존경하는 마음을 깊이 간직하고 잊지 않으며 떠올리는 것이다.

생각이 바뀌면 습관과 행동이 바뀌고, 습관과 행동이 바뀌면 인격과 운명이 바뀐다. 우리가 어떤 생각을 갖느냐,

어떤 마음가짐으로 살아가느냐에 따라 인생이 변하고 삶이 변한다. 아무리 험난한 악조건을 만나고 신체적으로 극심한 불구의 몸을 지녔다고 하더라도, 진취적인 기상을 품고 긍정적으로 생각하며 마음을 잘 다스려나간다면 역경을 극복할 수 있다.

우리의 삶은 수억 겁 생명의 전생부터 바로 전까지 지은 업에 의해 이끌려간다. 그러나 이러한 업일지라도 한 생각만 바꾸면 새로운 업으로 전환될 수 있다. 아무리 악한 죄업을 지녔다고 할지라도 참회하면서 다시는 악행을 짓지 않겠노라고 굳은 서원을 다지고, 늘 착한 것만 생각하게 되면 이 사람은 선한 행동을 하여 선업을 짓게 된다. 이렇듯 무슨 생각을 갖고 사느냐에 따라 행동이 달라지고, 이 행동에 의해 새로운 삶을 살게 된다. 악업을 극복하고 선업을 쌓으며 그리고 궁극적으로 선악마저 초월한 지극히 순수한 선행으로 생사에 걸림이 없게 된다.

자신의 이상적인 인물을 항상 보면서 생각한 결과 그렇게 사람이 변하고 얼굴이 변하고 인격이 변한 예를 나다니엘 호손의 단편소설 《큰 바위 얼굴》에서 찾을 수 있다. 여기서 등장하는 주인공 어니스트는 어릴 때부터 큰 바위 얼굴을 보고 자라나 마침내 큰 바위 얼굴처럼 된다. 그는 매일 몇 시간 동안 웅장한 산 정상에 새겨져 있는 큰 바위 얼굴을 바라보고 생각하며 명상하고 그 속삭임을 들었다. 마침내 그는 큰 바위 얼굴처럼 자비롭고 위용이 넘치는 모습으로 인격이 변하고 삶이 변했다. 온정이 많고 다정다감하며 사려깊은 큰 바위 얼굴로 된 것이다.

그렇다면 우리가 지혜와 자비를 구족하고 원만한 상호와 갖가지 공덕을 지닌 부처님을 생각하면 어떻게 되겠는가. 당연히 그와 같이 깨달은 사람이 될 것이다. 부처님같이 될 것이다.

이렇듯 염불은 부처님을 생각하여 내 마음이 부처님처럼 바뀌게 되어 성불(成佛)에 이르는 수행법이다. 다시 말해서 염불을 통해 현세에는 참된 삶을 영위하고 내세에는 윤회의 고통에서 빠져 나와 정토에 왕생하며 정토에 왕생한 후 성불에 이르게 된다. 물론 염불선(念佛禪)에서는 정토에 왕생을 거치지 않고 곧바로 이 생에서의 깨달음을 추구하지만 말이다.

염불에는 타력염불(他力念佛)과 자력염불(自力念佛)이 있다. 타력염불이 부처님의 본원력(本願力)에 의지하여 정토에 왕생하는 염불이라면, 자력염불은 염불선을 닦아 스스로의 힘으로 깨달음을 얻는 길이다.

이러한 염불 수행의 두 가지 길 중 아미타부처님의 본원력에 의지해서 정토에서 태어나고 해탈을 구하는 타력염불이 염불 수행의 본 궤도이기는 하다.

본원이란 아미타부처님이 모든 중생을 남김없이 건지고야 말겠다는 원이다. 염불행자는 이 본원의 배를 타고 괴로움의 비바람과 풍랑이 치는 바다를 건넌다. 부처님의 중생을 향한 본원의 배를 타기 때문에 염불은 누구라도 쉽게 수행할 수 있는 성불의 길이다. 아무리 연약하고 나약한 사람이라 할지라도 자신을 철저히 버리고 부처님의 본원력을 믿고 의지하여 그 본원의 배에 올라타 간절한 마음으로 염불하게 되면 누구나 정토에 가서 태어나는 희망의 수행인 것이다.

2...
염불하는 사람의 마음 자세

염불 수행자는 부처님을 간절히 생각하며 자신의 모든 것을 부처님께 완전히 맡기고 내려놓아야 한다. 부처님의 중생을 향한 대자비의 마음을 굳게 믿고 의지하며 자신을 철저히 비워나가야 한다는 것이다.

자신을 비우는 길은 나는 빈 그릇이라는 무아의 마음에 자리를 잡고 싹을 틔우며 성숙한다. 그것은 어린 아이와 같은 순수한 마음으로, 자신에 대한 자만심을 모두 버리고 오직 아미타부처님을 비롯한 불보살님께 귀의하는 것이다. 따라서 자신을 한없이 낮추는 하심(下心)하는 마음, 자신을 내세우지 않는 겸손한 마음이 염불 수행에서 한결같이 요구된다. 염불 수행에서는 자신의 자력적인 노력의 한계를 절감하는 것이 무아의 형태로 나타나는 것이다.

일반적으로 불교는 자력을 강조한다. 그러나 스스로의 힘으로 수행하여 행복하고 평화롭게 살아가고 끝내는 깨달아 생사를 초탈하는 것이 바람직한 방향이라 할지라도 연약하고 힘없는 사람들에게는 그것이 힘에 부치는 고된 여정일 수 있다. 당장 이러한 사람들에게는 불보살님들의 중생을 향한 대자비의 마음에 힘입어 고통과 절망, 죽음을 극복하는 것이 효과적인 방편일 수 있다.

또한 사람에게는 이중적인 선악의 마음이 항상 오락가락하며 꿈틀대고 있음을 보게 된다. 아침에 일어나 착하게 살아야겠다고 마음을 다지고 결심을 하지만, '아차' 하는 사이에 욕망과 탐심에 이끌려 나도 모르게 악행을 저지르고 후회하는 것이 보통 사람들의 마음이다. 사실 범부들이란 과거에 지은 업보와 장애로 인해 죄업이 깊고 깊어 끊임없이 번뇌와 욕망의 불꽃이 타오르고 있지 않은가? 그렇기 때문에 화를 내고 질투하며 증오하며 싸우고 힘들어하면서 생의 아수라장에서 질퍽거리고 있지 않는가?

염불은 이렇게 선악을 오가며 후회와 번민으로 살아가

는 자기 자신에 대한 철저한 반성과 인간의 이성에 대한 절대 한계를 절감하고 오직 부처님께 의지하여 나의 모든 것을 맡기는 것이다. 나 자신의 간계한 마음과 욕망의 덧없음을 깊이 느끼고 나를 철저히 비워내야 한다는 것이다. 그리고 비워낸 그 자리를 부처님 마음으로 채워 부처님께 모든 것을 맡기는 것이다.

현실적으로 견딜 수 없는 고통이 파도처럼 밀려올 때, 이 지긋지긋한 현실로부터 벗어나고자 하는 마음, 그리고 자신의 힘으로 그것을 도저히 막아낼 길이 전혀 없다는 자기 자신의 한계와 스스로에 대한 절망이 염불행자의 마음속에는 있다. 이를 일러 '염리예토(厭離穢土; 번뇌와 고통이 넘쳐나는 오염된 이 땅에서 멀리 벗어나고자 함), 자력절망(自力絶望; 스스로의 이성적인 힘에 대한 절망함)'이라 한다. 그러면서 즐거움과 행복이 넘치는 정토를 온 마음을 다해서 찾고, 그러기 위해서 아미타부처님의 다함이 없는 힘, 아미타부처님의 중생구제의 본원력에 절대적으로 귀의하는 마음이 염불행자가 추구하는 마음가짐이다. 이것을 가리켜 '흔구정토(欣求淨土; 맑고 깨끗한 국토를 그리워 함), 타력투귀(他力投歸; 아미타부처님의 본원력에 완전히 귀의함)'라 한다.

정토 염불신앙에서 볼 때 아미타부처님이나 관세음보살님이 존재하는 이유는 이런 중생들을 구원하는 데 있다. 역설적으로 말하면 악인들이 없고 미약한 중생들이 없으면 아미타부처님은 존재할 이유가 없다. 연약한 심성의 소유자거나 자신의 힘으로 어찌할 수 없는 중생에게는 오로지 부처님께 의지하는 타력왕생(他力往生)의 길밖에는 구원의 빛이 보이지 않는다. 타력왕생이란 아미타부처님의 중생을 향한 절대 타력의 힘에 의지하여 정토의 세계에 태어나는 것을 말한다. 그러나 정토에 왕생하는 데서 끝나는 것이 아니라, 거기서 수행을 하여 스스로의 본래 성품을 깨닫는 것이 정토염불 수행의 바른 길이다.

또한 염불하는 마음속에는 자신을 한없이 비워내기 때문에 부처님이나 타인에 대한 절대 존중의 마음이 깃들어 있다. 그리고 그렇게 비워낸 깨끗한 마음속에는 어디에도 걸리지 않는 절대 자유의 마음과 평온 그리고 안식이 자리 잡고 있다. 그렇기 때문에 염불행자는 자신의 맡은 바 생업에 충실하며 부처님을 생각하고 자신을 낮추며 하루하루 편한 마음으로 살아갈 수 있는 것이다.

3

아미타부처님과 본원력

　아미타부처님은 인간의 한계상황인 죽음을 물리치고 영원한 생명을 주시는 부처님이다. 아미타부처님은 죽음과 절망의 고통에서 인간을 구제해 주는 무한한 빛이요 영원한 생명의 님인 것이다. 그래서 무한한 빛으로 아미타부처님을 무량광불(無量光佛)이라 하며 무한한 생명으로서 아미타부처님을 무량수불(無量壽佛)이라 일컫는다. 이처럼 '무량한 부처님'을 뜻하는 아미타불은 극락세계에 있으면서 설법을 하는 부처님, 영원히 중생을 구제해 주시는 부처님, 생명과 빛이 한이 없는 부처님을 뜻한다.

　아미타부처님의 무한한 빛이 온갖 세상을 남김없이 두

루 비추기 때문에 그분의 품안에 있는 자는 누구든 해탈하게 되며, 그분은 또한 무한한 생명의 님이기에 그분 곁에 머무는 자는 죽음의 그림자조차 없다.

아미타부처님의 대지인 정토에 가서 태어나기(왕생하기)까지는 아미타부처님의 중생을 구원하려는 본원력(本願力)이 크게 작용한다. 이 본원의 힘이 부처님의 대자대비한 마음이 중생에게 다가오는 타력(他力)이다. 그 힘때문에 아미타부처님을 간절히 생각하고 떠올리면 누구든 정토에 가서 태어나는 것이다.

《무량수경》에는 아미타부처님의 세상에 출현하심과 본원력이 잘 설명되어 있다. 아미타부처님께서 전생에 법장(法藏, Dharmakara) 비구로 수행할 적에 부처가 되기 위해서 48가지 대원(大願)을 세웠다. 법장 비구는 그 대원을 성취한 결과 아미타부처님의 모습으로 출현하게 된다. 그 48가지 대원을 아미타부처님의 본원이라 한다. 그 하나하나의 원마다 중생을 구제하려는 마음이 올올이 새겨져 있다. 그 중에서 제18원이 가장 울림이 깊다. 거기에는 중생을 구제하려는 법장 비구의 너무나도 간절한 서원이 담겨 있다.

"만약 내가 부처를 이룰 때 시방의 중생들이 지극한 마음으로 믿고 원해 나의 국토에 태어나고자 나의 이름을 열 번을 불러도 태어날 수 없다면, 나는 결단코 부처가 되지 않겠습니다."

법장 비구의 이러한 원이 성취되어 아미타부처님으로 되었던 것이다. 따라서 어떤 중생이든 지극한 마음으로 정토에 태어나고자 아미타부처님을 열 번만이라도 간절히 부르면 아미타부처님이 그를 정토로 이끌고 간다. 그런데 아미타부처님을 10번 부른다는 것은 단 한 번만이라도 마음을 다해 간절히 부른다는 뜻으로 해석될 수도 있다. 아니 한 번이건 10번이건 100번이건 1만 번이라면 어떤가? 상황에 따라 마음을 다해 간절히 아미타부처님을 부르는 것이 중요하다. 그렇게 간절히 부르면 아미타부처님의 중생을 구원하려는 본원력이 작용하여 아무리 죄업이 깊은 자라도 정토에 가기 마련인 것이다.

무거운 업보 때문에 바닥 모를 바다에 빠져 허우적거리다가 서서히 가라앉을 수밖에 없는 죄업 깊은 중생이라 할지라도 아미타부처님의 본원이 담긴 큰 배에 타면 그 바다를 건너 무사히 목적지에 당도하게 된다.

이와 관련하여 《나선비구경》에서는 이렇게 설명한다.

아무리 자그마한 돌도 물 위에 던지면 가라앉지만, 백 척이나 되는 큰 돌도 배 위에 두면 배로 인해 가라앉지 않듯이, 비록 악한 행동만 하는 사람일지라도 한 때 염불하면 부처님의 본원력이 배가 되어 지옥에 떨어지지 않고 천상에 태어난다.

여기서 말하는 배가 아미타부처님의 본원의 힘이요, 타력이다. 비유하면 자력(自力)이란 이렇다. 어떤 나약한 사람이 어느 목적지를 향해 아주 먼 길을 걸어가고 있다. 그런 사람이 천 리 만 리 길처럼 먼 거리를 걸어간다는 것은 불가능에 가깝다. 아마 목적지에 도착하기 전에 지쳐 쓰러질 것이다.

반면에 타력이란 비록 나이 적은 어린아이나 힘이 약한 사람일지라도 수레·버스·기차 등에 의지하여 타고 가면 머지않아 목적지에 도착하여 원하는 바를 얻는 것과 같다. 정토 염불 수행도 마찬가지다. 따라서 아미타부처님을 간절히 떠올리며 일심으로 부르면 살아서는 마음의 불안을 제거하고 죽어서는 정토에 왕생하게 된다.

4

여러 가지 염불 수행법

염불은 부처님을 간절히 떠올리고 생각하는 것이다. 그렇다면 어떻게 염불 수행을 효과적으로 닦아나갈 수 있을까. 어떻게 하면 염불로 삼매의 경지에 들어 정토에 왕생하거나 내 자신의 본래 모습을 깨달을 수 있을까.

'염불' 은 일반적으로 칭명염불(稱名念佛)·관상염불(觀像念佛)·관상염불(觀想念佛)·실상염불(實相念佛)·화두염불(話頭念佛) 등을 든다. 이것은 염불하는 대상인 부처님을 어떤 마음가짐으로 집중하느냐에 따라 나누는 염불의 방법이다.

보통 염불할 때 '나무아미타불' 육자염불(六字念佛)이

나 '아미타불'만 염하는 사자염불(四字念佛)을 떠올릴 것이다. 물론 아미타불 외에 많은 불보살님이 염불의 대상이다. 다시 말해서 관세음보살을 부르면 관세음보살염불이요, 지장보살을 부르면 지장보살염불이며, 석가모니불을 부르면 석가모니불염불인 것이다. 그러나 아미타부처님은 무량한 빛이며 생명의 님이기 때문에 염불의 대명사는 아미타염불이라 할 수 있다. 따라서 여기서는 아미타부처님을 대상으로 염불하는 법을 말하고자 한다.

염불할 때는 내 마음과 몸이 아미타부처님에 대한 생각으로 빈틈없이 가득 차야 한다. 아미타부처님에 대한 생각 외엔 어떤 망상도 비집고 들어오면 안 된다. 마치 아이가 어머니를 애타게 찾듯이 간절한 마음으로 부처님을 생각하여 그 마음이 끊임없이 이어져야 한다. 그리고 그렇게 흔들림이 없는 마음이 생각생각 지속되어 삼매의 경지까지 도달해야 한다. 그런 삼매의 경지에 아미타부처님을 친견하여 정토에 왕생하기도 하고, 염불선에서는 자신의 본래 모습을 깨닫게 되기도 하는 것이다.

그 가장 쉬운 방법이 칭명염불이다. 칭명염불이란 '나무아미타불' 여섯 글자를 입으로 분명하고 간절한 어조로 부르고 귀로 그 소리를 또박또박 들으며 마음으로 떠올리는 것이다. 여기서 중요한 것은 마음으로 부처님의 명호를 분명하게 떠올리면서 그 명호에 모든 의식이 집중되어야 한다는 점이다. 그리고 시선은 아미타부처님의 모습에 머무는 것이 좋다. 이렇게 염불을 하면 잡념이 우리들 마음속으로 들어올 틈이 없다.

아미타부처님의 명호만을 떠올리면 칭명염불이지만, 아미타부처님의 대자대비한 모습을 마음으로 깊이 간직하면서 염불하는 것이 관상염불(觀像念佛)이다. 즉 아미타부처님의 모습을 눈으로 깊이 새겨보고 마음으로 그 모습을 또렷하게 담는 것이다. 그래서 나중에는 눈으로 아미타부처님의 모습을 보지 않더라도 마음에 아미타부처님의 형상이 분명하게 떠오르도록 해야 한다.

관상염불(觀想念佛)은 마음으로 아미타부처님의 덕 높은 공덕이나 극락세계의 갖가지 장엄된 모습을 떠올리면서 염불하는 것이다. 그 대표적인 방법으로《관무량수경》에서는 일상관(日想觀)을 내세우고 있다. 이것은 가부좌를 하고 일심으로 마음을 집중하여 서쪽 하늘에 붉고 둥그런 해가 지는 모습을 관하는 것이다. 해가 떨어지기 직전의 그

붉고 아름다운 모습이 얼마나 장엄하고 황홀한지는 목격해 본 사람은 잘 알 것이다. 누구라도 뚜렷이 온몸과 마음으로 그것을 바라볼 것이다. 바로 그 순간을 관상염불의 방법으로 삼는 것이다. 실내에서 할 때는 둥그런 해가 서편에 걸려 있는 모습을 그림으로 관하다가 나중에는 그것을 눈으로 보지 않고 마음속으로 떠올린다.

마지막으로 실상염불(實相念佛)이란 마음으로 부처님의 본래 성품인 불생불멸한 공(空)의 모습을, 부처님의 무한한 생명과 빛을 떠올리면서 염불하는 것이다. 이 실상염불의 단계로부터 염불선의 영역에 들어가는 데, 염불선에 대해서는 다음 기회에 다루도록 하겠다. 이 모든 과정에서도 입으로는 아미타부처님을 간절한 마음으로 또박또박 부른다.

아무튼 염불하는 법은 입으로 명확하게 부처님을 부르고 귀로 들으며 마음으로 명호나 부처님의 모습, 그 뛰어난 공덕, 그리고 공한 모습을 떠올리는 것이다. 초심자들은 단계별로 칭명염불로부터 시작해서 실상염불로 진전시켜 나가면서 염불 수행에 임하면 좋다. 그리고 입으로 부처님을 외울 때는 단전에서 나오는 우렁찬 힘으로 부른다. 음계에서 '솔' 의 단계 정도면 적당할 것이다. 그렇게 소리내어 염불하다가 나중에는 소리를 내지 않고 마음속으로 외는 단계까지 나아간다.

그러나 실상염불의 단계까지는 못가더라도 칭명염불을 하면서 부처님의 모습이나 공덕을 떠올리면서 정토에 왕생을 바라거나 현실의 질곡을 타개해 나가는 것도 염불 수행의 커다란 장점 중에 하나이다.

5

염불삼매를 통한 정토염불과 염불선

　염불 수행에서 중요한 것은 온 마음을 다해 불보살님을 염하고 부른다는 점이다. 간절한 마음으로 온 힘을 기울여 부처님을 떠올려야 한다는 것이다.

　이렇게 일심으로 마음을 모아 염하면, 그 마음이 한결같이 이어져 삼매의 마음이 된다. 그렇게 삼매에 들어 염불한 결과 업장이 소멸되고 부처님을 친견하게 되는 것이다. 그래서 《관무량수경》에서는 "염불삼매를 얻은 자는 시방의 모든 부처님을 본다. 모든 부처님을 보므로 염불삼매라 한다."라고 설하고 있다. 《능엄경(楞嚴經)》에서도 염불삼매를 통해 "지금이나 미래에 반드시 부처님을 친견하게 되어 부처님과 거리가 멀지않게 된다."라고 말한다.

염불삼매를 얻으려면 부처님을 생각하는 마음이 끊임없이, 빈틈없이 이어져야 한다. 염불하는 마음 외엔 어떤 생각이나 망상도 비집고 들어와서는 안 된다. 이렇게 해서 삼매의 경지에 들어가면 그 자리에서 부처님을 친견하거나 내세에 부처님을 친견하고 정토에 왕생하게 된다. 나를 텅 비우고 삼매의 마음이 되어 부처님을 부르니 중생구제를 위해 대원을 세운 부처님의 본원력이 작용하게 되어 부처님의 마음과 내 마음이 접속되는 것이다.

염불선은 똑 같은 삼매의 상태에서 지혜가 발현하여 내 자신 속에 간직된 부처의 성품을 보는 것이다. 다시 말해서 정토염불이 저 정토의 세계에 계시는 아미타부처님의 구원을 간절히 바라는 염불이라면 염불선은 나 자신이 부처임을 믿고 내 안의 부처의 성품을 발견하는 것이다. 내 마음 속에 간직된 그 부처의 마음을 자성미타(自性彌陀)라 한다. 내 자성이, 내 본래 마음이 아미타부처라는 것이다. 그래서 이러한 염불을 자성미타염불이라고도 한다. 이와 관련하여 나옹(懶翁)스님은 다음과 같이 말한다.

"옷을 입고 밥을 먹거나, 말하고 서로 문답하거나, 어떤 일을 할 때나, 어디서나 항상 아미타불을 간절히 생각하시오. 끊이지 않고 생각하며 쉬지 않고 기억하여 생각하지 않아도 저절로 생각나는 경지에 이르면 나를 기다리는 마음에서 벗어나고 또 억울하게 육도에서 헤매는 고통을 면할 수 있을 것이오. 간절히 부탁하오. 게송을 들어보시오."

아미타부처님 어느 곳에 계신가!
마음 머리에 두고 간절히 잊지 말라.
생각하여 생각이 다한 무념처에 이르면
육문에 항상 자줏빛 광명 빛나리라.

阿彌陀佛 在何方
着得心頭 絕莫忘
念到念窮 無念處
六門常放 紫金光

어디서나 무엇을 하거나 아미타부처님을 한결같이 염하면 생각이 다하여 마음작용이 끊어지는 무념처(無念處)에 이른다는 것이다. 이것은 마음의 분별작용, 즉 알음알이가 푹 쉬어 생각이 끊어진 부처님 마음자리로 돌아간다는 뜻이다. 그렇게 해서 내 마음을 밝혀 깨닫는 것이다. 그리고 이러한 염불선에서 중요한 것은 염하는 우리의 마음은 아미타부처님의 실상의 모습, 즉 공하여 텅 빈 그 자리, 무한한 생명과 빛에 집중해 있어야 한다는 점이다.

여기서 한발 더 나아간 것이 화두염불이다. 화두염불이란 "아미타부처님을 염하는 이놈, 이 사람은 누구인가?" 하면서 화두를 들고 염불하는 것이다. 고려 말의 위대한 선사 태고(太古)스님은 염불에 익숙한 사람들을 위하여 무자 화두나 기타의 화두를 제시하는 대신, 이렇게 염불하는 나는 누구인가를 화두로 주어 수행에 매진케 했다. 이러한 화두염불 역시 우리들의 생각의 작용을 염불화두로 차단하는 역할을 하기 때문에 내 마음속에 깃들어 있는 본래 부처님 자리, 본래 아미타부처님의 자리로 우리를 이끈다.

강조해 둘 사항이 있다. 정토에 왕생을 원하는 길이든, 아니면 내 자신의 본래 성품을 보아 깨닫는 길이든, 어느 길로 가든 마음을 간절히 모아 삼매의 상태에 들어가야 한다는 것이다.

6...
염불 수행 잘 하는 법

염불 수행을 어떻게 하면 심신이 안정된 상태에서 염불에 잘 몰입할 수 있을까? 염불 수행자는 어떤 마음을 지녀야 염불을 통해 정토에 왕생하거나 자신이 본래 아미타부처임을 깨달을 수 있을까?

첫째는 신심(信心)이다. 불법의 큰 바다는 믿음으로 들어간다. 믿음은 나무를 지탱하는 뿌리와 같아서 모든 수행의 밑바탕이 된다. 정토왕생 염불에서 믿음의 대상은 아미타부처님과 아미타부처님의 중생을 향한 본원력이다. 나 자신을 철저히 무로 돌려 모든 일의 성사 여부를 무조건 아미타부처님께 맡기고 지성으로 아미타부처님을 부르는 것이다. 자신이 무아로 철저히 비워져 그 비운 자리에 아미타부처님만 오롯이 남아 있어야 한다. 그리고 아미타부처님 본원의 힘인 48대원을 믿어야 한다. 아미타부처님의 본원력으로 내가 정녕코 업장을 소멸하며 정토에 왕생할 수 있다는 믿음이다.

염불선에서 믿음은 내 자신의 본성이 아미타부처이며 염불선 수행으로 기필코 깨달을 수 있다는 믿음이다. 이러한 믿음이 견고해야 한다. 이렇게 확고한 신심이 없으면 염불 수행문으로 들어갈 수 없다.

둘째는 서원(誓願)을 세워야 한다. 서원이란 다함께 아름답고 행복한 세계로 향하고자 하는 원력이다. 그것은 나만이 아닌 모든 중생들과 더불어 고통에서 벗어나겠다는 마음이고 정토로 향하는 마음이며 깨닫고자 하는 마음이다. 이러한 서원이 없으면 강한 추동력이 상실되어 머뭇거리거나 물러서기 마련이다. 《화엄경》〈보현행원품〉에서는 "임종할 때 모든 것이 그의 곁을 떠나지만 원력만은 떠나지 아니하고 어느 때에나 항상 그 앞을 인도하여 한 찰나 동안에 극락세계에 왕생하게 한다."고 했다. 그렇게 내가 세운 서원이 끝없이 이어져야 염불 수행의 길로 매진해 나갈 수 있는 것이다.

셋째는 정심(定心)으로 염불해야 한다는 것이다. 정심이란 산란한 마음이 아닌 한결같고 전일(專一)한 마음으로 염불하는 것을 말한다. 그것은 마음에 잡생각이 들지 않고 온 마음이 염불로 집중되어 있는 상태이다. 정토염불이든 염불선이든 이러한 정심염불을 지향해야 한다.

정심을 유지하기 위한 세 가지 마음이 있다. 그것은 순심(淳心)·결정심(決定心)·상속심(相續心)이다. 순심이란 순박하고 순수한 마음이다. 오직 염불 외에는 잡스러운 마음이 없는 것이다. 아미타부처님을 믿고 부처님을 향하는 마음 외에 어떤 생각도 들어오지 않는 것이다. 염불선의 입장에서는 내 마음이 아미타부처님을 믿고 그 밝은 광명의 세계로 향하는 마음 외엔 없는 것이다.

결정심은 오로지 한결같은 전일(專一)한 마음이다. 부처님을 생각하는 한 가지에 일에 몰입[專注]한 확고부동한 마음의 상태다. 그래서 어떤 유혹이 와서 마음이 후퇴하거나 다른 것에 눈을 돌리지 않고 현재 이 순간에 전심전력을 기울이게 되는 것이다.

상속심은 믿음과 염불하는 마음이 끊임없이 이어지는

것이다. 염하는 마음이 끊어졌다 이어졌다 하는 것이 아니라 생각생각이 이어져 염염상속(念念相續)이 되는 것이다. 그렇게 할 때 염하는 마음이 빈틈없이 이어져 삼매의 경지에 다다르게 된다.

상근기가 아닌 이상 초심자가 처음부터 이러한 정심염불의 상태로 들어서긴 힘들 것이다. 마음이 산란해 염불이 자주 끊어지기도 하고, 어쩌다가 염불할 때도 있을 것이다. 이러한 염불을 산심염불(散心念佛)이라 한다. 그러나 염불하는 마음을 낸 것 자체도 중요하며 그렇게 염불해도 나름의 공덕이 있기 마련이다. 그렇지만 좀더 마음을 굳건히 먹고 온 마음을 기울여 염불하다 보면 반드시 정심염불의 단계에 도달한다. 즉 처음부터 정심염불이 안 되는 사람은 산심(散心)염불로부터 시작하여 차츰 차츰 근기를 성숙시켜 정심염불로 나아가야 한다. 누구나 첫걸음부터 완벽한 염불 수행의 길로 접어들긴 어렵다. 위에서 말한 염불 수행자의 마음 자세로 하루에 일정한 시간을 정해서 쉼 없이 정진하다 보면 좋은 시절을 맞이할 것이다.

7...

생활 속의 염불 수행

염불하면서 역순 경계를 대처하며 하루하루를 행복하게 살아가고, 염불 수행으로 노년의 외로움과 죽음의 두려움을 극복하는 길, 그 밖에 염불을 통한 생활수행의 길을 소개해 보겠다.

염불은 법당이나 특정한 장소에서 일정한 시간 동안 집중 수행하는 것뿐만 아니라 생활 속의 수행으로도 자리매김할 수 있다. 우리 옛 선조들이 짚신이나 미투리를 삼으면서, 논밭을 매면서 염불했듯이, 주부들은 설거지나 집안 일 하면서 염불할 수 있고, 직장인들도 일을 하면서, 길을 걸어가면서 얼마든지 염불이 가능하다.

그리고 염불을 통해 생활 속에서 겪는 좋고 싫고, 사랑하고 미워하고, 기쁘고 슬픈 일이 벌어질 때, 그러한 경계에 휘둘려 나를 빼앗기지 않고 염불로 녹여낼 수 있다. 아무리 슬프고 기분 나쁜 일이 닥쳐도 '나무아미타불' 하면서 마음 속 깊이 녹이거나 염불에 온 마음을 기울이게 되면 그런 것들에 좌우되지 않는다.

사람들은 억울한 생각이나 하기 싫은 생각 등 갖가지 번뇌가 올라오면 그런 것들에 지배당해 마음을 어지럽히고 괴롭히면서 힘들어한다. 그런데 그런 것들이 올라올 때마다 그 마음에 대고 '나무아미타불' 하면서 그러한 생각을 놓아버리고 해탈시키는 것이다. 시시때때로 마음에 올라오는 여러 가지 망상을 그렇게 녹이고, 어느 한 생각이 집요하게 계속 올라오면 집중적으로 녹인다. 그러면 그것이 업으로 쌓이지 않고 깊은 업장도 소멸되어 허공 속으로 사라져 버린다.

또한 염불에 빈틈없이 마음이 집중되어 있으면 그 어떤 경계가 와도 흔들리지 않고 자신의 내면의 자리에서 조용히 대처해 나갈 수 있다. 염불에 깨어 있고 내 마음에 깨어 있으면 마음이 잔잔해지고 맑아져 그 고요한 자리에서 사태를 깊이 관조하며 여유롭게 앞뜰과 뒤뜰을 거닐듯 그렇게 세상을 걸어갈 수 있다.

특히 염불 수행은 외롭게 죽음의 길로 걸어가는 노인들이나 죽음에 직면한 분들, 심한 병고의 고통에서 신음하는 사람들에게 마음의 안식과 내일에 대한 희망을 준다. 죽음에 직면한 분들에게 죽음을 준비하는 마음가짐을 긍정적으로 심어주고, 그 죽음의 세계가 외롭고 두렵고 무서운 곳이 아니라 아미타부처님이 계시는 따뜻하고 평화로우며 무한한 생명과 빛의 세계라고 알려주며, 간절한 염불을 통해 그곳으로 갈 수 있다는 확신을 심어주는 것이다.

그리고 모든 집착과 한을 놓아버리게 하면서 죽음에 직면해서 그들이 마지막 순간까지 의식을 잃지 않고 아미타부처님을 부르고 생각하게 하는 것이다. 그러면 그들은 정말 아무 두려움 없이 아주 편한 마음으로 죽음의 세계로 가게 될 것이다. 그리고 이러한 염불 수행으로 정든 사람을 죽음의 길로 보내는 남아 있는 사람들에게도 그런 별리의 아픔과 깊은 슬픔에서 벗어나게 해 준다.

몹시 아파하는 사람들이나 생의 말년에 고독과 아픔으로 신음하는 노인들에게도 염불 수행은 커다란 위안과 마음의 안식과 희망을 준다. 염불하면서 보살피고 함께하며 자비를 나누고 실천하는 길은 도움을 주는 자나 받는 자 모두에게 자신의 삶을 뒤돌아보게 하는 동시에, 하루하루의 삶을 건강하고 밝게 만들어간다. 이러한 의미에서 염불 수행은 호스피스 활동에 커다란 도움을 줄 것이다. 불교계의 호스피스 활동이 기독교계보다 미약해 아픈 이들이나 죽음을 맞이하는 이들이 상당수 기독교로 전향하게 하지 말고, 이러한 염불 수행으로 그들에게 외로움을 극복하게 해주고 희망과 용기를 심어주는 것은 물론 죽음을 자신 있게 맞이하게 해 주자는 것이다.

그리고 주변의 어려움에 처해 있는 사람을 보거나 저 세상으로 간 사람들을 보거나 들어서 알게 된다면, 그런가보다 하면서 대수롭지 않게 넘기지 말고 깊은 마음으로 그들을 향하여 염불해 보라. 그렇게 온 마음 다해서 '나무아미타불' 또는 '관세음보살' 하고 부르면 그 사람이 밝아지고 내가 밝아진다. 밝은 마음이 따라가면 행동도 따라간다. 세상을 이렇게 염불로 아름답게 만들어 나가보자.

8...
염불의 공덕과 가치

염불의 종류는 염불하는 마음가짐에 따라 크게 정토염불(타력염불)과 염불선(자력염불)으로 나누지만, 염해야 할 대상인 여러 불·보살님의 명호에 따른 염불의 종류 또한 다양하다. 그 대표적인 형태로 아미타 염불, 석가모니불 염불, 관세음보살 염불, 약사여래 염불, 지장보살 염불 등이 있다.

이러한 염불을 통하여 해당 불·보살님처럼 되는 길과 해당 불·보살님의 원력이나 덕상에 따른 가피력으로 고통에서 빠져나오는 길, 해당 불·보살님을 귀의하고 찬탄하는 길, 마음속의 다짐을 굳건히 해 나가는 길, 바라는 소망을 성취하는 길, 그러한 소망을 성취하기 위해 스스로 원력을 다지는 길 등 다양한 의미가 내포되어 있다.

염불 수행의 특징과 공덕은 다음과 같이 정리할 수 있다.

1) 염불은 누구나 쉽게 따라할 수 있는 수행법이다.

누구나 어떤 처지에서도 가장 손쉽게 따라할 수 있는 것이 염불 수행법이다. 특히 이 염불에는 불·보살님의 본원력이 작용하기 때문에 일정한 궤도에 이르면 부처님의 힘으로 수행에 힘이 붙게 된다.

2) 누구나 빨리 다다를 수 있는 성불의 길이다.

아미타부처님을 염하면 부처님의 본원력으로 정토에 쉽게 왕생하며, 그 왕생한 사람은 반드시 성불하게 된다. 특히 부처님의 큰 배를 타고 정토에 향하므로 안전하게 이 세상의 풍파를 헤쳐 나가면서 정토에 이른다. 그리고 정토에 왕생하게 되면 절대로 물러서지 않는 불퇴전의 경지에서 불법을 배우고 수행해 나가기 때문에 성불에 이르는 길이 빠르다.

3) 죽을병에 걸린 자라도 간절히 염불하면 병에서 낫거나 임종하더라도 죽음을 편하게 맞이할 수 있다.

불치의 병에 걸렸을지라도 모든 근심 걱정과 생각을 놓아버리고 염불하면 업장이 소멸된다. 업장 소멸로 병도 금방 나을 것이며, 세간의 수명이 다한다 해도 임종시 불·보살님들의 안내를 받아 정토로 향하게 된다.

4) 염불 수행으로 현 생에서 많은 공덕을 얻는다.

업장을 소멸하는 것은 물론 수명을 연장하게 되고 바라던 소망을 성취하고 가정이 평화롭다.

5) 모든 것을 불·보살님께 믿고 맡겨 놓은 채 자신 있게 세상을 살아간다.

어떤 근심이나 두려움이 닥치고, 번뇌망상이 떠오르더라도 부처님과 보살님의 본원에 믿고 맡겨 놓는다. 그렇게 해서 편한 마음으로 매사에 임하고 어떤 사태에 직면해서 두려움이 없다 보니 세상살이가 편하고 족하다.

6) 자신을 철저히 낮추는 하심하는 생활을 한다.

염불 수행에서 불·보살님들께 모든 것을 맡기고 귀의하려면 나 자신은 아무것도, 아무 힘도 없다는 철저한 자기 부정이 있어야 한다. 나를 완전히 비워서 부처님의 밝은 광명으로 살아가기 때문에 거기에 '나'라는 아상은 쉽게 사라지게 마련이다. 이렇게 나를 비우면서 부처님께 절대 귀의하기 때문에 평소 생활이 겸손하고 겸허하고 상대방을 공경하게 된다. 나를 낮추어 상대방을 공경하므로 거기에는 평화로움만 있을 뿐이다.

7) 여러 불·보살님은 물론 신중들로부터 보호를 받는다.

염불의 대표격이라 할 수 있는 아미타부처님의 명호는 모든 불·보살님은 물론 선신을 비롯한 악신까지도 숭앙하고 받들기 때문에 아미타부처님을 간절히 염하면 모든 불·보살님과 신장들로부터 보호를 받는다.

8) 염불하게 되면 해당 불·보살님을 닮아간다.

나의 목소리, 나의 마음, 나의 외모나 행동도 부처님처럼 되어간다. 큰 바위 얼굴처럼 그렇게 닮아가 내가 밝아지고 세상이 밝아진다. 염불 수행으로 함께하는 아름다운 세상으로 떠나 보자.

절 수행

1

절 수행이란 무엇인가?

요즘 종교 유무를 불문하고 각계각층에서 절 수행법이 선풍적인 인기를 얻으며 전개되고 있다. 심지어 종교가 다른 사람들도 절을 통해서 마음을 다스리고 육신의 병을 치유하는 과정으로 받아들이고 있다. 그래서 급기야는 텔레비전 방송을 통해서 그 절 수행의 효과를 편성하여 널리 방영하기까지 했다. 그만큼 절 수행이 심신의 건강과 행복을 가져다주는 데 탁월한 효과를 보이고, 그것이 여러 사람들의 생생한 체험을 통해서 구체적으로 확인되고 있기 때문이다.

뇌성마비를 앓았던 예술가 한경혜 씨가 절을 통해서 장

애를 극복한 사연은 너무나 유명하다. 현대의학으로도 치료하기 힘들 정도로 건강이 악화된 사람도 절 수행을 통해서 건강을 회복하고, 사업 실패로 실의에 빠진 사람도 절 수행을 통해서 자신의 업장을 깊이 참회한 결과 새 삶을 살아 사업에도 성공을 거둔다. 직장인들도 직무상에서 오는 스트레스를 이겨내고 직장 생활을 원만히 수행해 내고 있다. 과연 절 수행이 무엇이기에 이러한 기적적인 효과를 보여주는 것일까?

절이란 몸을 굽혀 상대방에게 존경의 예를 표현하는 것이다. 불교에서 말하는 절에는 두 손을 모아 합장하고 허리를 숙여 반배하는 것과 오체투지(五體投地)의 큰절이 있다. 오체투지란 두 무릎과 두 팔꿈치 그리고 이마, 이렇게 다섯 부분을 땅바닥에 바싹 붙이고 절하는 것을 말한다. 이렇게 자신의 중요한 부분을 가장 낮은 땅바닥에 대면서 극진한 마음으로 상대방을 존경하고 예를 표하기 때문에 그 순간에 자신의 아만심이 사라지는 것은 물론, 절하는 그 순간에 텅 빈 충만함을 맛보게 된다.

절하는 예절이 수행이 될 수 있는 중요한 이유는 절을 통해 탐욕과 분노와 어리석음이라는 세 가지 독소인 삼독심

(三毒心)을 내려놓기 때문이다. 이와 관련한《원각경약소초(圓覺經略疎抄)》의 설명을 들어보자. 거기서는 오체투지를 통해 다섯 가지 번뇌인 '오개(五蓋)'를 제거한다고 말한다. 오개란 탐욕과 분노에다가 마음이 안정되지 못하고 흔들리는 도거(掉擧), 마음이 명징하지 못하고 흐릿하고 어두운 혼침(昏沈), 그리고 모든 것을 믿지 못하고 불안해하는 의심을 말한다. 마음이 흔들리고 어둡고 매사에 불안하고 믿지 못하는 것은 어리석어서 밝게 깨어 있지 못하기 때문이다. 결국 절을 통해 탐욕과 분노, 그리고 어리석음이라는 삼독심을 없앤다는 설명이다.

이렇게 절을 통해 번뇌를 다스려 마음을 평화롭게 안정시키고 최종적으로 지혜를 개발하여 깨어 있을 수 있기 때문에 절 수행은 불교 수행법으로서 손색이 없다. 번뇌가 제거되지 않으면 아무리 뛰어난 효과를 발휘한다 해도 그것은 불교 수행으로서 가치가 없다.

선정에도 바른 선정과 삿된 선정이 있다. 단순한 정신 집중은 굳이 불교의 수행법을 거치지 않더라도 달성될 수 있다. 그러나 그런 선정은 부처님 법에 근거하지 않고 바르지 않으면 삿된 길로 접어들 수 있다. 그 선정의 힘만 이용하여 엉뚱한 신통술을 부릴 수도 있다. 그래서 고통과 파멸로 이끈다. 그러나 불교에서 말하는 바른 선정은 무아와 무상에 근거하여 집착과 번뇌의 뿌리를 잘라낸다.

또한 절 수행은 똑같은 동작을 수없이 되풀이하기 때문에 그 똑같은 동작과 마음작용이 지속적으로 이어져 심신의 집중력을 증장시키고 궁극적으로는 삼매로 이어지게 한다. 그리고 그러한 과정 속에서 자신의 육체적 한계와 나약한 마음을 이겨내고, 자신을 극복하는 데 커다란 도움을 준다. 특히 몸의 균형을 유지하면서 규칙적으로 골고루 움직여 주기 때문에 어떤 운동의 효과보다 탁월한 효능을 보장해 준다. 그래서 어떤 비용도 들이지 않는 건강법으로서의 절 수행이 일반인에게도 확산일로에 있는 것이다.

그리고 절 수행을 통해서 무시 이래로 쌓은 업장을 소멸할 수 있다는 점에서도 공덕의 효과를 볼 수 있다.

아울러 절은 육체를 움직이는 동적작용을 통해서 마음을 간절하게 품기 때문에 참회와 용서, 그리고 감사하는 마음을 극진하게 표현할 수 있다. 그냥 감사하는 것이 아니라 일배일배 정성스럽게 마음을 다하여 절하면서 나를 있게 한 부모와 이웃은 물론, 하늘과 바람, 구름 등 모든 삼라만

상에 대해서 감사하는 마음을 내는 순간, 나는 전 우주와
함께 하는 소중한 존재요, 전 우주 또한 나의 한 몸임을 깨
우치게 되는 것이다.

2...

절 수행의 여러 가지 특징

수행이란 마음에서 올라오는 탐욕과 분노, 집착과 갈등, 억울한 마음과 슬픔, 두려움과 공포, 애착과 증오, 게으름과 방종 등을 다스려 마음의 평화와 안정을 얻고 바람처럼 자유롭고 걸림 없이 살아가기 위해 닦아나가는 것을 말한다. 걸림 없는 삶, 그것이 결국은 깨달은 자의 삶이다. 그것은 나를 철저히 비우는 무아의 체험 없이는 불가능하다.

절 수행은 육체의 움직임을 통해서 구체적으로 무아를 체험하게 된다는 점에서 여타의 수행법과는 다른 특징이 있다.

몸을 던져 무아를 확인하는 일은 몸을 통한 자기 비움과 육체적인 한계를 극복하는 강한 실천의 힘이 없을 때는 불가능하다. 우리가 생각으로 어느 정도 무아를 그려보는 것은 어렵지 않다. 생각으로 마음을 비우고, 생각으로 무아를 이해하며 그려보는 일은 얼마든지 가능하다. 그러나 몸으로 자기를 비워내는 일은 힘든 땀방울과 인욕을 요구하기 때문에 쉽지 않다.

사람들이 가장 놓기 힘든 끈이 '나'에 대한 집착이다. 자식과 연인에 대한 깊은 집착도 따지고 보면 모두 '나' 때문이다. 사실 '나'를 놓고 쉬어주면 수만 가지 짐도 벗어버릴 수 있다. 조그마한 나에 집착하기 때문에 전체를 못 보고 좁쌀 만한 안목으로 세상을 보니 걸리고 비틀거리며 부딪치기 마련이다. 특히 몸과 관련된 '나'에 대한 집착은 다른 어떤 것보다 강하다. 따지고 보면 사람들은 몸으로 인해 많은 죄업을 짓고 산다. 이 몸에 대한 애착 때문에 사람들은 되도록 더 잘 먹기 위해서, 더 편해지려고 한다. 몸의 불편함을 못 참고 자신을 위해 모든 것을 소유하려고 자연과 환경을 파괴한다.

《미륵소문경론(彌勒所聞經論)》에서는 "성인의 법을 멀리하고 육신 등에 집착하여 오욕의 생활에 안주하므로 범부라 이름한다."라고 말하고 있다. 다시 말해서 범부의 삶이란 이 몸으로 인한 욕망 때문에 재산·이성·자식·친구·지위와 명예 등에 집착한다는 것이다.

그런데 절 수행은 이런 것들을 구체적으로 하나하나 몸을 통해서 비워나간다. 그러면 물질로부터 해방될 수 있다. 몸을 조복받게 되면 몸과 관련된 욕망의 대상들이 비워진다. 몸을 조복받기 이전에는 육체적 욕망의 대상에 끌려다녀 괴로워했지만, 이제는 몸과 마음을 잘 조복받아 나 자신의 내면의 평화를 누리는 것은 물론 가정생활, 사회생활도 아주 좋게 흘러간다. 몸에 집착하여 자신을 조그마한 테두리에 가두면, 그러한 삶은 그러한 테두리에 갇혀 업력의 지배를 받는다. 반면 절을 통해서 몸에 대한 욕망을 극복하면 그러한 업력에서 자유롭다. 그런데 참 신기한 것은 그렇게 몸에 대한 욕망에서 벗어나면 몸이 더 강건해지고 윤기가 난다는 것이다. 그것은 마음이 자유롭기 때문이다.

또한 절 수행은 육체적으로 몸을 움직임과 동시에 마음으로 자신을 닦는 과정을 병행하는 특징을 지니고 있다. 몸과 마음 두 가지를 모두 움직여 수행하는 것이다. 그래서 절하면서 염불하고, 절하면서 화두를 들고, 절하면서 몸과 마음을 관하고, 절하면서 사경을 하고, 절하면서 참회 및 감사기도를 할 수 있는 것이다.

절은 몸과 더불어 마음이 가기 때문에 지루하거나 단조롭지 않고 혼침에 빠지지 않은 상태에서 정신을 집중하여 수행할 수 있다. 절은 구체적인 활동을 통하여 몸과 마음에 동시에 깨어 있고 몸과 마음을 집중하여 반복적으로 움직이기에 마음을 잘 다스리는 것은 물론 육신의 건강에도 커다란 도움을 준다.

운동으로서 절 수행은 몸을 움직일 수 있는 작은 공간만 확보되어 있으면 어디서든 실천이 가능하다. 좌복만 있다면 누구나 간편하게 할 수 있다. 설사 좌복이 없더라도 어느 곳에서건 심신의 균형을 유지하면서 천천히 할 수 있다. 아울러 절 수행은 매일 일정한 시간에 정기적으로 진행해야 되기 때문에 지속적으로 심신의 안정을 유지하는 데 매우 탁월한 수행이다.

3...
절 수행의 마음 자세

절 할 때의 마음가짐은 어찌 보면 절하는 그 자체만큼이나 중요하다. 절 할 때 어떤 마음가짐으로 어떤 자세로 하느냐에 따라 그 효과나 공덕이 크게 달라진다. 절 수행의 참다운 의미를 맛보려면 마음의 준비를 확고하게 갖추고 마음의 흐름을 잘 제어하면서 깊은 마음속으로 들어가야 한다. 도세(道世)는 《법원주림(法苑珠林)》에서 절하는 마음자세에 따른 여덟 가지 예법을 제시했다. 그것을 참고로 하여 절 수행의 여러 가지 마음 자세를 정리해 보겠다.

① 나 자신을 최대한 낮추는 하심하는 마음을 지녀라.

절을 할 때는 자신을 텅 비워야 한다. '나'라는 생각과 아상을 버리고 자신을 철저히 밑바닥까지 낮추면서 그 낮춘다는 생각까지 버려야 한다. 그래서 도세(道世)는 아만하고 교만한 마음을 가지고 절해서는 안 된다고 하였다.

② 절을 받는 대상에 대한 존경심과 공경심을 품어라.

절을 할 때 부처님이 바로 눈앞에 살아 계신다고 여기고 몸과 마음을 다하여 절해야 한다. 설사 절을 받는 대상이 부처님이 아니더라도 부처님처럼 존경하고 공경하는 마음을 품어야 한다. 그래야만 지극정성으로 하는 것은 물론이요 온 마음을 기울이게 된다.

③ 어떤 유혹에도 물러서지 않겠다는 끊임없는 불퇴전의 정진력을 품어라.

④ 어떤 고통에도 물러나지 않겠다는 인욕하는 마음을 지녀라.

⑤ 밝은 마음과 청정한 마음으로 절하라.

도세는 이것을 '발지청정례(發智淸淨禮)'라 하여 슬기로운 마음이 밝고 예리하여 법계를 깊이 알고 마음에 장애가 없는 청정한 상태에서 예배를 올리는 것이라고 했다.

⑥ 정신을 놓치지 않는 집중력을 지녀라.

마음이 외부의 대상에 따라 오락가락하거나 방해를 받지 않고 이러저러한 잡념에 좌우되지 않기 위해서는 절하면서 마음을 어느 한 가지 대상에 집중해야 한다.

⑦ 불·보살님에 대한 굳건한 믿음과 자기 자신이 본래 성불해 있다는 신심을 지녀라.

비록 자신이 미혹하여 중생의 삶으로 윤회하고 있지만 본래 나 자신은 부처이다. 자신이 본래 부처임을 관하면서 절해야 한다는 것이다. 이것을 도세는 '정관수성례(正觀修成禮)'라 했다. 이러한 본래 부처의 마음가짐이 하심하는 마음이요 상대방도 부처님처럼 존경하는 마음이다.

⑧ 절하는 자와 절을 받는 대상인 불·보살이 둘이 아닌 점을 깊이 관하는 마음을 품어라.

나와 부처님의 본래 바탕은 공(空)으로서 한마음이다. 그래서 내가 부처님 속으로 들어가고 부처님이 내 속으로 들어온다. 부처님뿐만 아니라 모든 대상에 대해 공으로서 평등한 마음으로 절한다. 자타가 없고 범성이 따로 없다. 부처와 중생을 가르지 않으며 똑 같은 평등한 자리에 서 있다. 이것을 '실상평등례(實相平等禮)'라 한다.

나와 부처가 다르지 않고, 나와 일체 대상이 다르지 않다면 어느 하나에 지극정성으로 절하면 모든 부처와 중생에게 절하는 것과 같다. 하나의 진법계(眞法界)에는 모든 것이 연기관계로 어우러져 있다. 따라서 하나에 절하면 일체에 절하는 것과 같으며 그렇게 법계에 진입하는 것이다. 이것을 도세는 '변입법계례(遍入法界禮)'라 했다.

일심으로 절하며 우주법계에 들어간다는 것은 절하는 순간 내가 참마음자리로 돌아간다는 것이다. 그렇게 절하면서 감사하는 그 마음은 우주법계의 모든 두두물물에 감사하는 마음이다. 그렇게 절하면서 우리는 하나일 수 있으며 한 생명일 수 있다. 내가 탑에 절하면 탑도 나에게 절한다. 내가 부처님께 절하면 부처님도 나에게 절한다.

4...
합장하는 법과 합장의 효과

합장(合掌)이란 두 손을 합하여 예를 표하는 것이다. 합장도 예를 표하는 것이기 때문에 절의 일종으로 취급된다. 그리고 큰절할 때 반드시 합장을 동반한다. 합장하는 것 자체만으로 마음의 안정을 가져올 수 있으며 육체적 건강에도 효과가 상당하다는 것이 의학적으로 보고된 적이 있다.

두 손을 가지런히 모아 합하는 합장은 흩어져 있던 자신의 마음을 하나로 모은다는 데 의미가 있다. 그렇게 한 마음이 되면 진실한 마음으로 깨어 있게 되며 지극해지고 마음을 다하기 마련이다. 마음이 모아지면 심신이 안정되어 있기 때문에 무엇을 하든, 어떤 행위를 하든 거기에 정성을 기울이게 되는 것이다. 그 상태에서 경전을 읽거나 염불을 하게 되면 정신이 통일되어 그것에 시종일관 흐트러짐이 없이 몰두할 수 있다. 또 그런 마음으로 상대방을 대하면 하심하는 마음과 존경하는 마음도 자연스럽게 몸에 배기 마련이다. 마음도 포근해지고 부드러워지며 얼굴엔 미소가 감돈다. 그래서 합장하는 모습은 아름답기까지 하다.

합장에서도 중요한 것은 마음가짐이다. 내 앞에 부처님이 계신다는 마음으로 바로 선 자세에서 두 손을 심장 위치에서 가지런히 모아 합장하되 몸이 흔들리지 말아야 하며 양 발뒤꿈치는 서로 붙여 밀착시키되 양 발 앞부분은 약간 벌어져도 무방하다. 바르면서도 안정된 자세를 유지하는 것이 중요하기 때문이다.

양 손바닥은 서로 밀착되어 빈틈이 없어야 한다. 손가락 사이가 벌어져서도 안 되며 어그러져서도 안 된다. 그렇다고 너무 손바닥과 손가락을 가지런히 하려고 의도적으로 힘을 주면 근육이 긴장되어 균형이 깨진다. 합장은 몸의 균형을 잡으면서 편안한 마음상태를 유지해야 하므로 손바닥을 가지런히 합하되 힘을 주어서는 안 된다.

합장한 손이 몸 중앙과 일직선이 되어야 한다. 그리고 양 팔꿈치가 좌우의 갈비뼈에서 떨어지지 않도록 한다. 두 손목이 앞가슴 명치 위, 손가락 두 마디 정도가 떨어진 곳에 위치하면 자세가 자연스럽다. 손끝은 코끝을 향해 똑바로 세워야 하며 상대방 쪽으로 기울어져서는 안 된다. 또 턱을 당겨 고개를 약간 숙여 손끝이 코끝을 가리키도록 한다.

설혹 양 팔에 힘을 주어 양 팔이 한일자로 일직선 상태가 되도록 수평을 유지한 상태에서 두 손목을 꼿꼿이 세워 합장하는 경우도 있는데, 이렇게 되면 너무 양 팔과 손바닥이 긴장되어 자연스럽지 못하다. 그리고 거기에 신경이 쓰일 정도로 마음과 자세가 불편해진다. 그렇게 되면 심신의 균형이 깨지기 쉬우므로 이 방법을 자연스럽게 익혀 숙달되지 않은 사람을 제외하곤 그렇게 권장할 바가 못 된다.

합장을 생체역학적(生體力學的)으로 검토하면 인체의 기둥인 척추를 축으로 하여 인체를 좌우대칭의 균형상태로 만든다고 한다. 우리는 보통 앉거나 서 있거나 한쪽으로 기울고 비틀어져 있는 경우가 많다. 합장은 신체의 중심과 균형을 바로잡아 신체의 조건을 안정적으로 유지해 준다. 또한 손바닥에는 중요한 경락이 흐르는데, 합장을 통해서 좌우의 기가 모아져 전신의 기의 흐름을 조화롭게 만든다고 한의학에서는 말한다. 합장을 하면 따스한 기운이 느껴지고 긴장이 완화되면 편한 느낌을 갖는 이유는 이 때문이다. 손을 비비거나 박수를 치는 것도 손바닥의 기의 흐름을 도와 긴장을 풀어주고 전신을 깨어 있게 만든다.

합장한 채 허리를 60도 정도 굽혀 절하는 것을 공손히 머리를 낮춘다 하여 '저두(低頭)' 혹은 '반배(半拜)'라고도 한다. 저두할 때 보면 손끝이 축 처지는 사람이 많은데 그러면 영 보기에도 좋지 않으니 손끝이 처지지 않도록 주의를 기울인다. 그리고 90도 이상 허리를 지나치게 기울이는 것도 좋지 않다. 도반들끼리 인사할 때, 스님들을 뵐 때, 큰절하기 전에 등 무슨 일을 하기 전에 합장 저두한다. 이렇게 합장하고 저두하는 모습을 생활화할 때 그 자체만으로 심신의 안정을 가져오는 것은 물론 세상을 아름답게 하는데 일조를 할 것이다. 남 눈치 보지 말고 생활속에서 합장 저두를 실천해 보길 간곡히 권한다.

5...
오체투지 큰절하는 방법

오체투지 큰절은 먼저 합장 저두하고 바로 선 상태에서 시작한다. 그 전 과정을 구분동작으로 나누면 '합장' → '꿇어앉기' → '손 짚고 발 포개며 접족례' → '일어서며 합장하기'로 진행한다.

① **꿇어앉기** : 꿇어앉을 때는 합장하고 허리를 바로 세운 상태에서 그대로 무릎을 구부리면서 앉는다. 이때 허리는 구부리지 않아야 하며, 무릎은 어깨너비 정도로 벌린다. 그리고 고개를 자연스럽게 숙인다. 무릎을 꿇을 때 양발의 뒤꿈치를 모아 세워 엉덩이가 발뒤꿈치에 닿도록 한다. 이

때 숨을 길게 내 쉰다.

② **손 짚고 발 포개며 접족례(接足禮)** : 손 짚고 발 포개고 접족례 할 때는 손과 손 사이를 머리가 들어갈 정도로 유지하고 손가락은 벌리지 않으며 양 손끝은 15도 정도 안으로 오므려 짚는다. 이때 양손을 바닥에 대면서 동시에 발을 포개고 이마를 바닥에 대는 동작이 이루어질 수 있도록 해야 호흡이 자연스럽다. 손을 바닥에 댈 때 동시에 왼발을 오른발 위에 올리며 이마가 바닥에 닿는 동시에 엉덩이가 양 발꿈치에 붙도록 엎드린다. 이때 이마를 비롯한 양쪽 팔꿈치와 양쪽 무릎 등 다섯 곳이 바닥에 닿아야 오체투지(五體投地)가 되는 것이다.

접족례란 엎드려 절하면서 부처님의 발을 받드는 것을 말한다. 이것은 부처님께 마음을 다해 존경을 표하는 행위이다. 접족례를 할 때는 손바닥을 위로 하여 귀 밑의 높이까지 올리되 부처님의 발을 조심스레 올려서 내 머리를 부처님의 발에 댄다는 기분으로 한다.

손바닥을 바닥에 댈 때 한 가지 주의할 점은 양 손바닥을 동시에 댄다는 것이다. 다만 가사를 수한 스님의 경우 왼손을 가슴에 대고 오른손을 먼저 바닥에 댄 후 왼손을 바닥에 댄다. 이는 가사를 입고 절할 때 가사가 흘러내리는 것을 막기 위한 것이다.

③ **접족례에서 일어날 때** : 손바닥으로 바닥을 밀면서 머리를 들어 팔을 편다. 몸을 약간 앞으로 내밀면서 발가락을 나란히 꺾고 일어나 무릎을 꿇은 상태에서 합장을 한다. 이때 접족례한 손바닥을 바닥에 댈 때는 무릎 가까이 혹은 멀리 대지 말아야 일어설 때 무릎과 허리에 무리를 주지 않는다.

④ **일어서며 합장하기** : 일어서기는 발가락과 무릎을 꿇고 합장한 자세에서 발뒤꿈치를 붙이면서 가볍게 일어선다. 절대로 엉덩이부터 구부정하게 일어서면 안 된다. 그렇게 할 경우 보기에도 부자연스러우며 몸에 무리가 와 허리 병이 생길 수 있다.

그리고 일어설 때는 손바닥을 바닥에 대고 머리를 앞으로 살짝 내밀 때 생기는 탄력을 이용하여 일어나면 허리에 무리가 생기지 않는다. 이 탄력을 이용하는 것이 절을 힘들이지 않고도 바르게 하는 비법이다. 청견스님은 이와 관련하여 학, 공작, 닭이 걸어가는 모습을 보면 목을 앞으로 조금씩 움직여 그 탄력을 이용하여 사뿐사뿐 몸을 움직이는

것과 같다고 말한다. 접족례하고 일어설 때 숨을 깊게 들이
마신다.

⑤ **유원반배(唯願半拜)** : 유원반배는 '고두례(叩頭禮)' 혹
은 '고두배(叩頭拜)'라고도 한다. 고두례는 여러 번 절을
할 때 마지막에 올리는 예절을 말한다. 고두례를 올리는 이
유는 아무리 많이 절을 한다 해도 부처님에 대한 예경의 뜻
을 모두 표할 수가 없기 때문에, 아쉬운 마음을 달래면서
마지막으로 극진한 마음을 전달하는 데 의미가 있다. 또는
절을 마지막으로 올리면서 자신의 간절한 마음을 전달하는
데 있다.

고두례는 접족례 후 팔꿈치를 바닥에 붙이고 머리를 어
깨 높이로 들고 합장한 손을 코끝에 닿을 정도로 한 다음,
손바닥을 다시 바닥에 짚고, 이마를 바닥에 대고 바로 일어
선다. 고두례하면서 합장할 때 자신이 바라는 바를 간절히
염원한다.

6...
여러 가지 절 수행법

절은 육체와 마음 두 가지를 동시에 다루면서 하는 수행이다. 오체투지 큰절로 신체를 움직이면서 마음으로 어느 대상에 집중해 가면서 적정한 상태에 이르는 것이다. 마음으로 어느 한 대상에 집중하면서 절을 하게 되면 108배나 1080배, 그 이상의 절을 하더라도 단조로운 상태나 산란한 마음을 극복할 수 있으며 깊은 삼매의 경지에까지 오를 수가 있다. 절하면서 마음을 집중하는 그 집중의 대상으로 호흡이나 그 신체의 움직임을 관하거나, 염불·주력·화두·사경·참회 등이 있다.

(1) 절하면서 호흡하는 법

절을 할 때 기본적인 호흡법은 몸을 일으킬 때 숨을 들이마시며 동작을 정지할 때 숨을 참으며 몸을 숙일 때 내쉬는 것이다. 숨을 들이마실 때는 부처님의 밝은 기운이 코를 통해 전신을 휘감고 발바닥과 손끝까지 들어오는 것을 느끼며, 날숨을 내쉴 때는 나쁜 기운과 더불어 잡념이나 번뇌망상을 내보낸다는 심정으로 한다. 이렇게 해서 호흡이 자연스럽게 길어지고 복식호흡으로 연결되어 심신이 평화로워지고 안정된 상태에 머물게 된다.

(2) 절하면서 참회 및 감사하는 법

참회(懺悔)는 자신이 지은 죄업과 허물을 뉘우치고, 다시는 잘못을 범하지 않겠다는 굳센 결의요 맹세다. 참회를 통해서 자신의 업장을 소멸하고 희망찬 앞길을 열어가게 되는 것이다. 이러한 참회법으로 절 수행만큼 효과적이고 강력한 힘을 지닌 것은 없으리라 본다. 그래서 많은 사람들이 절을 통해 참회함으로써 고통에서 벗어나 새롭고 밝은 삶을 살아간다.

가장 일반적인 절을 통한 참회법은 절하면서 입으로

불·보살의 명호를 부르고 마음으로 자신이 지은 죄업을 낱낱이 고하면서 뉘우치는 것이다. 온몸과 마음으로, 절실하고 간절한 마음으로 자신의 죄과를 참회하는 것이다.

그 다음 방법은 '예불대참회문'을 외면서 참회하는 것이다. 여럿이서 참회문을 보고 외면서 절하기도 하고, 한 사람만 참회문을 외고 다른 사람은 그 말을 들으면서 절하기도 한다. 그러나 가장 좋은 방법은 모두 다 108참회문을 암기하여 한결같은 목소리로 소리를 서로 맞추어 일사불란하게 절하는 모습이다.

또는 참회와 더불어 감사하는 마음을 내며 절하거나 자신이 직면한 절실한 문제를 생각하면서 절하는 것도 좋다. 이와 관련하여 녹음기를 이용하여 명상음악과 더불어 명상 메시지를 들으면서 천천히 1배 1배 절하는 방법이 요즘 많은 사람들로부터 호응을 받고 있다. 절 명상 테이프를 틀어 놓고 거기서 나오는 메시지에 맞추어 1배 1배 마음을 다하여 천천히 절하면서 자신의 내면을 깊이 응시하는 것이다.

(3) 절하면서 수를 헤아리는 법

절을 하면서 수를 헤아리게 되면 산란한 마음을 진정시킬 수 있어 마음을 가라앉히는 데 효과적이다. 실제로 좌선할 때도 초심자의 경우 마음이 안정되지 않으면 화두에 집중할 수가 없다. 이런 경우에는 '하나' '둘' '셋' 하면서 호흡을 세어나가면 마음이 들뜨거나 방황하는 것을 막아 주어 화두에 집중하는 데 커다란 도움을 준다. 절하면서 그 절하는 횟수를 세어가는 것도 마음을 집중하는 좋은 방법이다.

절을 하면서 수를 헤아리는 일반적인 방법으로 108염주를 이용한다. 1080배는 이 108염주를 열 번 돌리면 된다. 이럴 경우 108염주를 한 번 마치면 성냥개비나 콩 등의 도구를 사용하여 표시하고, 열 개가 되면 1080배를 하는 방식으로 수를 세어 나간다.

그리고 더 적극적으로는 108염주를 사용하지 않고서 횟수를 세어나간다. 즉 서 있는 상태에서 앉으면서 '하나', 접족례를 올리면서 '하나', 일어서면서 '하나' 라고 세면서 한 번 절할 때마다 같은 숫자의 절 횟수를 세 번씩 반복해 나간다. 혹은 1배를 올리면서 '하~나~' 라고 깊이 횟수를 세어나갈 수도 있다. 이렇게 하면서 절하는 숫자에 마음을 집중하면서 108배까지 진행해 나가면 마음이 이리저리 움직이는 것을 꼭 붙들어 맬 수 있다.

(4) 절하면서 염불하는 법

절하면서 염불을 하게 되면 염하는 불·보살님의 명호에 빈틈없이 깨어 있게 되므로 심신이 경쾌해지고 용이하게 절 삼매는 물론 염불삼매에 몰입할 수 있다. 여러 대중들이 함께 모여서 염불하면서 절을 할 때 신심을 증장시키며 환희로운 마음으로 절할 수 있는 몇 가지 방식을 제시해 본다.

① 대중을 2조로 나누어 한 조에서 절을 하면서 염불하면 나머지 한 조에서는 절하면서 그것을 듣는 방식. 이것은 대중들을 A조와 B조로 조를 나눈다. 그 이름을 자비조와 연꽃조로 할 경우, 자비조가 절하면서 염불하면 연꽃조는 절만 하며 상대편의 염불소리를 듣는다. 그 다음 연꽃조가 절하면서 염불하면 자비조가 절하면서 그 염불소리를 듣는다. 이렇게 서로 번갈아가면서 절하면서 염불하고, 절하면서 상대편의 염불소리를 집중해서 듣다 보면 염념상속이 되어 절 수행은 물론 염불 수행도 잘 이루어진다. 그리고 염불하는 것도 사성염불(四聲念佛)로 음률에 맞추어 하게 되면 염불에 집중이 잘 되고 소리 또한 아름답고 조화롭기 때문에 환희심을 내어 절을 하게 된다.

② 다 같이 함께 염불하면서 절하는 방식. 이것은 절 수

행에 참여한 전체 대중들이 한결같은 목소리와 동작으로 절하는 것을 말한다. 이는 아마 사찰이나 법당에서 가장 많이하고 있는 형태일 것이라고 생각한다. 그러나 사실 여러 대중들이 함께 절하면서 염불하다 보면 절하는 행동이나 염불소리도 제각각이어서 통일감을 찾기 힘들며, 그렇기 때문에정신이 산란하여 집중하기가 어렵다는 결함이 있다. 이럴때는 이끄는 스님이나 지도법사가 염불소리와 목탁소리를사성염불조로 리듬에 맞추어 리드해 나가는 것이 필요하다.

또 다른 방법도 있다. 그것은 절을 이끄는 지도법사가 먼저 염불을 하면 대중들은 그 염불소리를 듣고 절하며, 이어대중이 그 소리대로 염불하면 지도법사가 절하는 방식이다.

③ 녹음테이프 소리를 들으며 절하는 방식. 염불 녹음테이프나 CD를 틀어놓고 그 소리를 들으면서 거기에 맞추어많은 대중이 한마음이 되어 절하는 것이다. 그 염불소리가정확히 사성염불로 시종일관 규칙적으로 진행된다면 거기에 집중하여 마음속으로 염하면서 절한다면 절 수행이 잘진행될 수 있다.

(5) 절하면서 화두 드는 법

절하면서 화두를 드는 수행은 절 수행과 간화선 수행을 동시에 병행하는 것이다. 화두에 대한 간절한 의심을 일으키면서 절을 하게 되면 무엇보다도 혼침에 빠지는 것을 방지할 수 있으며 절하는 이 놈의 당체가 누가인가를 간절히 의심하므로 집중도 잘 된다.

'이뭣고' 화두를 든다고 할 때, 합장하고 일어설 때 "이~" 하면서 길게 이어가고 허리를 숙여 절할 때 "뭣고?" 하면서 의심을 일으키는 것이다. '무' 자 화두의 경우는, 합장하고 일어설 때 "어째서"라고 하고, 허리숙여 절하면서 "무라 했는가?"라고 길게 의심을 지어가는 것이다. 절하면서 화두를 들 때 역시 망상이 오면 전제를 들어나가다 단제로 이동한다.

(6) 절하면서 동작과 마음을 알아차리는 법

이것은 위빠사나 수행을 원용하여 절하면서 동작의 흐름을 알아차리는 법이다. 합장한 자세에서는 '합장' '합장' 하면서 합장하는 나의 모습을 알아차리고, 꿇어앉으면서 '앉는다' '앉는다' 하면서 꿇어앉는 나의 모습을 알아차린다. 일어서면서 '일어섬' '일어섬' 하면서 알아차린다. 절을 하다가 생각이 일어나면 그 일어나는 생각을 바라본다. 절하면서 '힘들다' '아프다' '그만하고 싶다' 하는 생각이 올라오면 그렇게 올라오는 생각을 즉시즉시 알아차린다. 알아차리면 올라오는 마음과 망상은 그대로 소멸한다. 그런 마음이 사라지면 다시 절하는 행동에 집중하면서 하나하나를 알아차리면서 절을 계속한다. 단 위빠사나를 원용하여 절 수행을 할 때는 아주 천천히 절을 한다. 위빠사나와 관련해서는 이 책의 위빠사나 수행편을 참고하기 바란다.

(7) 절하면서 사경하는 법

사경하면서 절하는 형태로는 일자일배(一字一拜, 한 자 쓰고 한 배함) 혹은 일자삼배(一字三拜, 한 자 쓰고 3배함), 일행삼배(一行三拜, 경전의 글귀 한 행을 쓰고 3배함) 등이 있다. 그런데 일자일배나 일자삼배를 통해 절 수행을 할 경우, 경전 사경보다는 일자불(一字佛) 사경이 바람직하다. 예컨대 부처 불(佛)이나 선(禪) 자를 정성스럽게 한 자 쓰고 일배 하거나 삼배를 하는 것이다. 여기서 더 나아가 '나무아미타불'이나 그 밖에 부처님 명호를 쓰고 입으로 외면서 일배 또는 삼배하는 것도 좋다. 일행삼배의 경우에는 경전의 말씀을 제대로 새기면서 절을 할 수 있는 특징이 있다. 예를 들어 《금강경》 사구게의 한 구절, 한 구절을 정성스럽게 써가면서 절을 해 보는 것이다.

(8) 절하면서 독경하는 법

이것은 절하면서 경전 구절이나 어록의 구절, 큰스님의 말씀 등을 읽는 것이다. 단전에서 나오는 우렁차고 낭랑한 목소리로 경구를 읽으며 마음으로 새기고 절을 해 나간다. 부처님 오신 날 발표한 큰스님의 법어 모음집도 좋고 그 밖에 간추려 놓은 경전 말씀을 새기고 외우면서 절할 수도 있을 것이다.

(9) 절하면서 주력하는 법

절하면서 '옴 마니 반메 훔' 육자진언을 지송하거나 때로 '옴' 한 자만 지송하는 법이다. '옴' 한 자만 지송하는 방법은 들숨에 일어나면서 그냥 숨을 들이마시고 날숨에 '옴' 하면서 몸을 굽힌다.

7

절 수행의 효과와 효능

　마음을 다하여 절한다는 것, 그 자체만으로도 감사와 용서, 화해와 존경의 마음이 전해져 나와 너 모두에게 울림을 준다. 절 수행의 몇 가지 효과와 효능을 언급해 보겠다.

　첫째, 집중력과 삼매력을 증진시킨다. 절을 통해 마음과 몸을 다하여 현재의 이 순간에 집중해 있는 순간, 우리는 고요한 선정에 이를 수 있다. 그리고 그것이 한 번으로 끝나는 것이 아니라 지속적으로 전개될 때 염념이 상속되고 신체의 움직임 또한 한결같은 흐름을 타게 된다. 몸과 마음이 한결같으니 고요한 삼매의 경지에 이른다. 좌선을 통한 마음 집중이 정적인 상태에서 삼매에 들어가는 반면, 절은 신체를 움직이면서 삼매에 든다는 점에서 활동력이 강하고 주의력이 산만한 어린이, 청소년에게 집중력을 강화시키는 데 효과적이다.

특히 주의력이 결핍된 어린아이나 청소년들에게 절 수행을 통해서 집중력을 향상시켜 주면 마음의 안정을 되찾고 심신을 잘 발달시켜 나갈 수 있을 것이다. 똑같은 동작을 지속적으로 반복하게 해 인욕하는 마음을 키우고 집중력은 물론 마음의 안정까지 가져다 주게 되면 정서적 발달과 육체적인 발달에도 큰 도움을 준다. 단 어린아이나 청소년들이 곧바로 절 수행한다는 것은 쉽지 않으므로 여러 가지 방편을 활용하면 좋을 것이다. 예를 들면 1배나 3배 정도 마음을 다해 절하게 한 뒤, 그 느낌을 얘기해 보게 한다든지, 어린이나 청소년들이 느끼는 문제를 하나하나 되새기게 하면서 절하게 하는 방법 등도 있을 것이다.

둘째, 몸을 변화시켜 건강은 물론 아름다운 육체를 만든다. 《업보차별경(業報差別經)》에서는 부처님께 예배를 드리면 묘색신(妙色身)을 얻는다고 말한다. 절을 하게 되면 육신이 신묘해질 정도로 아름답게 된다는 얘기다. 매일같이 규칙적으로 108배를 한 결과 갖가지 질병에서 건강이 회복되고 균형잡힌 몸매를 갖추게 된다는 사례를 주변에서 많이 듣곤 한다.

셋째, 아만심을 없앤다. 아만심이란 "내가 누군데" 하는 생각이다. 어디서나 '나'를 내세우고 '나'에 대한 생각에 사로잡혀 있는 한, 마음이 편중되어 있고 욕심에 사로잡혀 독선과 편견만 있고 남을 인정하고 수용할 줄 모른다. 그럴수록 화가 치솟고 싸움과 투쟁이 일 것이다. 그런데 절을 통해서 자아의식을 자연스럽게 소멸시켜 겸손한 사람을 만든다. 아상이 줄어들므로 자신을 내세우거나 타인을 멸시하는 생각이 사라지고 상호존중하며 신뢰하는 마음가짐을 맺어준다.

넷째, 무시 이래로 쌓은 업장을 소멸한다. 절을 하면서 참회나 염불 등 여러 가지 정신적인 수행을 겸하게 되면 마음속에 뿌리박고 있던 맺힌 응어리나 한을 풀게 된다.

아울러 절을 열심히 하는 사람에겐 천신(天神)은 물론 사람들이 그를 믿고 따른다고 했다. 사람들이 믿고 따른다는 것은 무엇을 말함인가? 그 사람의 인격과 인품을 믿고 신뢰하며 존경한다는 것이다. 그런 인격을 절 수행을 통해 갖추어 보도록 하자.

매일 아침마다 절을 한다는 것, 108배를 한다는 것, 그
것은 물론 쉽지 않다. 그러나 마음을 설득해 게으른 마음을
물리치고 일단 1배 1배 마음을 다해 절해 보라.

간경 수행

1

간경 수행이란 무엇인가?

　누구나 한번쯤은 사찰 경내에 울려 퍼지는 스님들의 독
경소리를 들은 적이 있을 것이다. 그 소리가 귀에 닿는 순
간, 겸허한 마음이 피어나고 가슴 한 모퉁이에서는 훈훈한
기운이 올라오기도 한다. 마음을 비우고 부처님 말씀을 가
슴으로 새기면서 나를 뒤돌아보기도 한다.

　간경(看經), 그것은 경을 본다는 의미다. 그냥 눈으로
스치면서 보는 것이 아니라 마음의 눈으로 깊이 꿰뚫어 본
다. 그렇게 마음의 눈으로 보면서 읽는다. 마음의 눈으로
보고 자신을 뒤돌아보며 부처님처럼 자기를 다스려 나가기
때문에 간경은 수행으로 자리잡는다.

　간경 수행은 부처님의 말씀을 몸과 마음으로 깊이 받아들이고 느껴 우리들의 삶을 부처님의 삶으로 전환시켜 마음의 본성을 밝히고 깨닫게 되는 중요한 전통적인 수행법이다. 다시 말해서 간경 수행은 부처님이 설하신 경전을 독송함으로써 그 경전의 내용을 내 것으로 만들어, 나의 살과 피, 호흡과 걸음걸이, 마음과 말과 행동이 부처님처럼 되는 것이다. 그렇게 되니 마음이 맑아져 업장이 소멸되고 병고의 고통에서도 해방된다.

　경전을 읽음으로로써 그 뜻이 마음속에 드러나 마음을 맑히게 된다. 경전말씀으로 마음을 본다. 그것을 '피경조심(披經照心)'이라 한다. 그 결과 부처님 말씀과 내 마음이 서로 어우러져 마음이 밝아지면서 경계도 함께 밝아진다. 이렇게 부처님 말씀이 마음속으로 드러나고 그것을 실천할 때만이 그 경전의 가르침이 생생하게 살아 움직이게 된다.

　특히 경전의 말씀이 내 몸과 마음에 오롯이 새겨지면 그 경전 구절을 망각하지 않고 마음속에 오래 간직하게 된다. 그래서 간경 수행을 통해 외운 경전 구절은 잘 잊혀지지 않는다.

　간경을 통한 독경은 단순한 암기가 아니다. 경전 구절이 마음속에 새겨져야 그것이 자연스럽게 입에서 흘러나온다. 입에서 흘러나오는 그 소리, 마음에서 울리는 그 소리를 듣고 자신을 돌아보고 조고각하(照考脚下)한다.

또한 우리는 간경 수행을 통해 부처님께서 중생들의 조건과 상황에 맞추어 설한 여러 가지 방편문을 보고, 거기서 자신의 마음을 움직이는 지혜를 발견한다. 《만선동귀집(萬善同歸集)》에서는 "경전을 읽되 존재의 실상을 깊이 통찰하라(誦經深通實相)"라고 했다. 경전의 말씀에서 세상과 인생의 참다운 모습을 찾게 되면 부처님 말씀이 살아 움직인다. 그렇게 경전지식이 지혜로 승화되기 마련이다. 의식문을 담은 법요집(法要集)을 보면 "간경자(看經者) 혜안통투(慧眼通透)"라는 말이 나온다. 간경행자가 지혜의 눈이 밝아지기를 기원하는 것이다. 아니 간경을 하게 되면 지혜의 눈이 밝아져야 한다는 것이다.

그 지혜로 무명을 타파하게 되는 것이다. 업장을 녹여 깨달음을 향해 나가게 되는 것이다. 이렇게 경전의 말씀이 지혜로 승화되어 몸과 마음에 그대로 녹아들게 되면 그 경전의 말씀을 언제라도 자유롭게 꺼내 쓸 수 있으며 그 가르침대로 행하게 된다.

또한 경전은 중생심을 벗고 불성을 드러내는 길잡이로서 나침반이자 기준 역할을 한다. 다른 모든 수행의 옳고 그름은 이 경전이나 어록의 가르침에 근거하여 그 기준점을 삼아야 한다. 따라서 어떤 수행이든 수행에 들어서기 앞서 부처님 가르침을 마음에 깊게 담아 둠으로써 수행길을 옳게 이끌어 갈 수 있게 되는 것이다. 그래서 간경은 수행이 외도나 신비주의에 빠지는 것을 잡아주게 된다. 경전이나 어록에서 일러준 대로 수행하면 되는 것이다.

아울러 우리들은 경전을 통해 불법을 배운다. 불교를 제대로 이해하고 실천하기 위해서는 무엇보다도 먼저 경전을 읽어야 한다. 경전뿐만 아니라 경전 말씀을 해설해 놓은 다양한 불서들을 읽어 마음의 눈을 밝혀야 한다.

2...
간경 수행의 조건과 목적

간경 수행의 궁극적인 목적은 경전을 보고 부처님 가르침으로 마음을 맑혀 깨닫는 데 있다. 물론 간경은 부처님 말씀을 올바로 파악하는 데 그 일차적인 목적이 있다. 그러나 부처님 말씀이 지식으로만 작용하면 알음알이로 변해 마음이 한쪽으로 굳어져 양변에 떨어지기 십상이다. 아울러 문자반야에 마음이 걸려 그 문자의 속박으로부터 벗어날 수 없으면 마음을 맑히는 길과는 요원해진다.

그래서 서산대사는 《선가귀감(禪家龜鑑)》에서 다음과 같이 말한다.

"경을 보되 자기의 마음속을 향하여 공부를 지어가지 않으면, 비록 만 권의 장경을 다 보았다 하더라도 아무런 이익이 없으리라."

그런데 마음의 지혜를 얻는 일차적인 조건은 정견(正見)이 동반되어야 한다는 데 있다. 아무 의미도 모르고 경전을 외운다면, 그것은 정견과는 거리가 멀며 간경 수행의 범주에 들어갈 수 없다. 이와 관련하여 《증일아함경》에서는 다음과 같이 말한다.

"모든 경전을 두루 읽고 외우고 익히되, 그 이치를 관찰하고 그 법에 순종하여 마침내 어기거나 빠뜨림이 없으면 그는 그 인연으로 말미암아 차츰 열반에 이르게 될 것이다. 왜냐하면 그는 바른 법을 잡았기 때문이다."

사실 아무리 《금강경》을 1천독을 하고 3천독을 해도, 그 뜻을 생각하지 않고 외우는 데 골몰하여 집착한다면 정견이 확보되지 않고 바른 법을 모르니 아상만 쌓일 뿐이다. 지혜가 맑아져 아상이 끊어지지 않으면 간경 수행으로서의 효과는 별무소득일 것이다.

따라서 간경 수행은 경전에 대한 바른 이해로 정견(正見)을 갖추고 집중적인 독송을 통하여 간경삼매인 정정(正定)에 이르러야 하며, 이러한 삼매의 상태에서 마음에서 나오는 지혜의 빛인 정지(正智)를 얻어야 한다.

간경은 독경(讀經)·독송(讀誦)·전경(轉經)·풍경(諷經) 등 여러 가지 명칭으로 불린다. 흔히 독경을 의미도 모르고 입으로만 송한다 하여 간경과는 별개의 영역으로 취급하기도 하나, 이러한 독경의 형태는 잘못된 것이다. 독경 역시 소리를 내어 경전을 외우긴 하지만 그 의미를 알면서 경전을 보고 그 의미를 알아차리고 내 것으로 삼아야 한다. 그래서 경전을 마음속으로 읽는 것을 심독(心讀)이라 하고, 몸으로써 경전 내용을 실천하는 것을 신독(身讀)이라 했다.

전경은 경전을 마음 속 깊이 굴린다는 의미이니 경전의 말씀이 내 안에서 살아 있지 않으면 그것은 간경이 아니다. 이와 관련하여 《육조단경(六祖壇經)》〈불행품(佛行品)〉에서는 전경(轉經)을 아주 간단명료하게 정의한다. 즉 경전을 독송하되 경전의 내용을 알아차리고 깨달아 부처님의 지견을 내는 것을 전경이라 했다. 이에 반해 문장이나 문자

에 끌려 중생의 미혹한 지견으로 해석하는 것을 '경전(經
轉)'이라 하였다. 이것은 경전 말씀이 마음속에 살아 있게
되면, 경전의 문자나 지식에 끌려가는 것이 아니라 그 경전
에서 말하고자 하는 진정한 의미, 참 생명이 빛을 발하여
내가 움직이는 이 자리에서 법이 구현된다는 의미다. 즉 내
가 진리에 따라가는 것이 아니라 진리가 나를 따라오게 되
는 것이다. 여기에 이르면 간경은 간경선(看經禪)으로의
역할을 한다. 즉 간경 수행 역시 삼매에 들어 자신을 밝히
고 마음을 밝히는 데 궁극적인 목적이 있는 것이다. 그래서
《종경록(宗鏡錄)》에서는 말한다.

"혹 간경을 행하거나 법을 들을 때 하나하나를 자기에게 귀결시키
지 않고 단지 문구의 관념만 좇아 몸을 움직이니, 이는 손가락을 보
고 달이라 생각함과 같다. 이 사람은 자성을 보지 못할 뿐만 아니라
교(教)의 문자 또한 분별할 수 없다."

풍경이란 경전을 안보고 외우거나 노래한다는 뜻이니
독경의 형태가 외우는 데까지 나아가고 그것이 곡조를 타
노래가 된다면 마음을 울리는 훌륭한 간경법이라 할 것이

다. 이러한 풍경 역시 경전을 노래하는 그것이 마음의 노래
가 될 때 이상적이다. 마음의 노래가 곧바로 게송이 되고,
게송이 마음의 노래가 될 때, 우리는 그 노래에 비추어 자
신을 보고, 자신의 발걸음을 보게 될 것이다.

3...
경전을 대하는 마음가짐

　간경 수행에서 가장 중요한 것은 부처님과 경전에 대한 믿음이다. 경전은 법보(法寶)로서 귀의의 대상 중에 하나이다. 경전에는 부처님의 말씀이 담겨 있기 때문에 경전은 부처님과 동일시된다. 그래서 불자들은 경전을 '법신사리(法身舍利)'라 여겨 그 법신사리인 경전을 탑에 모시고 삼배를 드리며 탑돌이를 하면서 부처님과 만나고자 했다. 불상을 조성할 때도 부처님 몸 안에 담아 두는 복장물(腹藏物)로 경전을 모셔 그 불상에 생명력을 부여했고 살아 있는 부처님으로 섬겨 왔다.

　경전은 우리가 믿고 의지해야 하는 아늑하고 굳건한 섬

과 같다. 우리 마음을 쉴 수 있고 맡길 수 있는 든든한 대상
으로서 경전을 믿고 받들어야 한다. 그래야만 우리는 경전
의 부처님 말씀에 온 마음을 다하여 귀의하며 그 말씀에 눈
을 뜨고 간절히 귀 기울이며 경청하게 게 될 것이다. 부처
님 말씀을 보고 읽고 들으면서 자신을 일깨우게 될 것이다.

이렇게 경전을 부처님이 설한 진실한 가르침임을 확고
하게 믿고 경전을 부처님 분신으로 여기는 데서 간경 수행
은 출발한다. 경전에 부처님 말씀이 생생하게 담겨 있다는
것을 믿고 그 경전 구절을 지니고 외우고 익혀 그 이치를
파악하고 마음을 비추어 보아야 한다.

경전을 보고 경전을 독송하는 소리를 부처님이 내 앞에
서 내게 직접 법을 설하는 소리로 받아들여 마음을 울려주
어야 한다. 부처님이 2600년 전에 인도라는 공간에서 설해
놓은 경전을 읽는 것이 아니라, 현재 바로 이 자리에서 부
처님이 내 앞에서 생생한 목소리로 진리를 설하고 있다는
것을 분명히 알아차려야 한다.

부처님께서는 수행자는 항상 경전을 가까이 하여 마음
속에 간직하라고 했다. 마치 옷에 때가 묻으면 잿물로 몇
번이고 빨아 깨끗이 하는 것처럼 마음의 때가 낄 때에는 경

전의 말씀으로 마음의 때를 씻어야 한다고 했다. 그리고 어디로 가야할지, 어떻게 행동하는 것이 옳을지 판단이 안 설 때, 어떻게 마음을 다스리고 그 마음을 항복받아야 할지 궁금할 때, 경전을 펴고 부처님 말씀에 귀 기울여야 한다. 경전에는 마음을 다스리고 관리하는 수행의 길이 자상하게 설명되어 있기 때문이다.

경전에는 소중하고 귀한 말씀이 담겨 있는 만큼 경전을 소홀하게 다루어서는 안 된다. 경전과 마주할 때 부처님 대하듯 해야 한다. 따라서 경전은 항상 깨끗하게 취급해야 하고 더러운 손으로 만져서는 안 되며, 세속의 잡서나 외도 경전이 있는 곳에 함께 비치하거나 꽂아두어서는 안 된다. 경전 주위는 항상 청결하게 하고 잡다한 도구들을 올려놓아서는 안 된다. 경전에 있는 먼지를 입으로 불면 안 되며, 경상 위에 찻가루나 다른 것을 쌓아두면 안 된다.

과거 선지식들은 경을 읽을 때 잡념이 생기거나 기침이 나거나 사람이 찾아오면 경전을 덮었다고 한다. 아무리 부피가 작은 경전이라고 할지라도 두 손으로 받들거나 머리에 이고 이동하였다. 그렇게 경전을 소중하게 여기고 간직해야 한다는 것이다. 따라서 간경행자는 독송용 경상을 따로 마련하고 경전을 잘 모시고 다루어야 한다. 마음을 다해 경전을 대하고 받들 때 그 경전 말씀에 올곧게 깨어 있을 수 있다.

경전에 대한 믿음과 존중심이 없다면 독송을 아무리 많이 한들 어떤 도움도 줄 수 없을 것이다. 따라서 간경 수행자는 항상 깨끗한 몸과 입과 마음으로 경상 위에 경전을 부처님 모시듯 펼쳐놓고 자세를 바르게 한 다음, 또박또박 소리를 내어 읽든지 마음속으로 읽는다. 읽을 때는 한 자 한 자의 뜻을 깊이 음미하고 이해하되 자신의 마음을 깊이 관조한다.

4

마음을 움직이는 독송법

간경 수행의 대표적인 형태가 독송이다. 독송을 어떻게 하면 마음에 변화를 주며 수행의 효과를 높여줄 수 있을 것인가? 어떠한 마음 자세로 경전을 읽으면 그 부처님 말씀에 오롯이 깨어 있을 수 있을까? 그 여러 가지 방법을 제시해 보겠다.

(1) 경전의 내용을 이해한 다음 독송해야 한다

부처님이 그 경전을 통해 무슨 말씀을 하고자 하는지, 각각의 구절에서 전하고자 하는 내용은 무엇인지 알아들어야 한다. 그래야만 부처님 말씀이 마음속으로 즉각즉각 들어오기 때문이다. 부처님 말씀이 내 마음속에 살아 울리지 않은 채 아무 의미도 모르고 입으로만 외운다면 그것이 아무리 좋은 말이라도, 아무리 소중한 가르침이라도 소귀에 경 읽기 식이다.

(2) 독송하기에 앞서 헐떡이는 마음을 쉰다

마음이 복잡하고 산란하며 안정되지 못하면 어떤 좋은 말씀을 듣더라도 귀에 들어오지 않는다. 그런 의미에서 독송하기 전 입정에 들어 마음을 장벽처럼 붙들어 매야 한다. 산란한 마음의 작용을 멈추고 일심으로 마음을 굳게 가다듬는 것이다. 이렇게 모든 번뇌망상을 놓아버리고 곧바른 마음, 한결같은 마음의 상태에서 독송하게 되면 그 경전의 내용이 마음에 새겨져 사라지지 않는다. 또 이러한 일심의 상태에서 경전을 독송할 때만이 간경삼매, 독경삼매로 들어갈 수 있다.

(3) 내 앞에 바로 부처님이 계신다고 여기고 독송한다

부처님이 내 앞 1미터 전방에 앉아서 지혜롭고 자비로운 말씀을 내게 직접 설한다고 여기고 독송하는 것이다. 독송하는 순간은 내가 마치 부처님의 1천2백 제자가 되어, 부처님의 법음을 토하는 거룩한 장소에서 부처님의 모습을 두 눈으로 보고 그 목소리를 내 두 귀로 역력히 듣고 있는 유일무이한 때요 시절인연인 것이다. 그렇게 독송하는 순간에 깨어 있을 때 경전의 한 구절 한 구절을 놓치지 않고 거기에 집중하기 마련이다. 《금강경》을 독송할 때 법을 설하는 분이 부처님이라면 그 법을 듣고 있는 나는 수보리 존자인 것이다. 《반야심경》을 독송할 때 그 경전을 설하는 분이 관세음보살이면 나는 사리불인 것이다.

(4) 독송할 때는 바른 자세로 힘찬 목소리를 낸다

독송할 때 앉는 자세는 반가부좌나 결가부좌, 혹은 장궤합장 자세나 무릎을 꿇은 자세를 취한다. 그리고 허리를 곧게 펴고 활달한 자세로 경전을 응시한다. 가장 오래 앉아 할 수 있는 것은 반가부좌가 적당할 것이다. 서서 할 때 역시 다리를 똑바로 세우고 허리를 곧게 펴고 독송한다. 그리고 목소리는 단전에서 나오는 우렁찬 목소리로 한다. 가끔 법회가 열리는 자리에서 《반야심경》을 독송할 때 너무 힘이 없고 입에서 겨우 나올까말까 어정쩡한 목소리를 내는 경우를 보게 되는데 좋지 않다. 그렇다고 해서 너무 큰 소리를 내어 자신이나 주변이 괴로울 정도로 독송하면 안 된다. 이렇게 되면 기운이 손상되어 오랜 시간 독송하지 못한다.

《치문(緇門)》에서는 말한다. "몸을 단정히 하고 바로 앉음에 마치 존귀한 얼굴을 대하듯 하면 신업(身業)이 깨끗해지며, 입으로 잡스러운 말을 하지 않고 실없이 웃는 웃음을 끊으면 곧 구업(口業)이 깨끗해진다."

(5) 마음을 다해 밝은 마음으로 독송한다

간절한 마음과 밝은 마음으로 독송한다. 밝은 마음, 정성어린 마음, 공경하는 마음, 찬탄하는 마음, 진실한 마음으로 독송해야 한다. 부처님 말씀을 내가 직접 듣는다는 것은 예사로운 일이 아니기에 감격하지 않을 수 없다. 아울러 부처님께서 나의 고통을 직시하고 그것으로부터 해탈하는 기쁜 소식을 전해주는데 내 마음이 밝아지지 않을 수 없다.

(6) 운율과 호흡에 맞추어 리듬을 타고 독송한다

경전에서 설하는 부처님 말씀이 마음속에 곧바로 들어와 박히고 그것을 오랫동안 기억하고 간직하기 위한 좋은 방법으로 운율에 맞추어 독송하는 것이다. 노래 가사의 경우를 보더라도 그것을 애써 외우지 않더라도 곡조에 맞추어 따라 부르다 보면 자연스럽게 그 내용을 외우게 된다. 또한 아름다운 곡조는 그것을 듣는 것 자체만으로도 마음에 울림을 준다. 그만큼 사람들의 심금을 울리는 데는 운율과 곡조가 중요한 요소를 차지한다는 것이다. 스님들이 범음성으로 경전 게송을 읊는 것을 들으면 나도 모르게 거기에 끌리고 마음이 평화로워지듯이 말이다.

그런데 문제는 우리나라에서 경전을 독송하는 데 운율이 살아있지 않다는 점이다. 중국이나 대만의 경우 한문에 사성(四聲)이 갖추어져 있어서 그 사람들의 독경소리는 그윽한 노래처럼 들려 참 듣기에도 좋고 평화롭다. 우리나라의 경우에도 한문 경전 독송법이 전해져 온 것 같은데 그 맥이 끊어진 듯하다. 그래도 한문은 좀 나은 편이다. 한글로 독송할 경우, 도대체 어떻게 곡조를 맞춰야 하는지 막막하다.

그러나 한글로도 얼마든지 운율에 맞추어 경전을 독송할 수 있다. 그리고 한글을 운율에 맞추어 낭송하거나 노래하던 전통도 우리는 간직하고 있다. 예전에 심청전이라든가 춘향전 등의 소설을 가사체 운율에 맞추어 읽어주던 모습도 눈에 선하다. 판소리가 그 대표적인 예라 할 것이다. 따라서 독송용 경전교재를 만들 때 3.4 혹은 4.4조라든가 4.4.5조의 운율과 호흡에 맞추어 한글화하면서 그 의미를 분명히 드러내 줄 경우 독송의 효과는 클 것이다. 그렇게 만들어진 경전이 없다면 《금강경》이나 《육조단경》《법화경》〈보문품〉 등 한글화된 경전을 3자 혹은 4자씩 한 구절로 끊어서 3.4나 4.4조로 만들어 리듬을 타고 읽어 보시라.

한글화된 부처님 말씀을 많은 사람들이 모여 곡조를 타고 합송할 때, 그 그윽한 선율에 마음이 움직이면서 집단삼매의 한 마음에 몰입될 수 있을 것이다. 이럴 경우 마음이 편해지는 것은 물론 얼굴색 또한 환하게 밝아진다.

(7) 경전 말씀을 내 마음과 일치시키면서 독송한다

독송할 때 자기 자신이 경전의 말씀과 하나가 되어야 한다. 그 마음이 일치되려면 독송하는 과정에서 부처님이 말하고자 하는 의미가 정확히 내 마음에 곧바로 떠올라야 한다. 마음과 소리와 의미는 분리될 수 없다. 내 마음과 귀를 통해 들려오는 소리와 의미가 하나가 되어 한 맞으로 연결될 때 경전 말씀에 집중하기도 쉽고 마음에 울림이 크기 마련이다. 그러할 때 경전은 마음의 노래가 된다. 그래서 심즉시게(心卽是偈)라 한 것이다. 그렇게 마음의 노래가 될 때 마음에 걸림이 없으며 마음 또한 밝고 깨끗해 질 것이다.

(8) 규칙적으로 시간을 정해 독송한다

아침, 저녁으로 시간을 정해 규칙적으로 독송하면 효과적이다. 아침에 읽는 경전이 하루를 준비하는 것이라면, 저녁에 읽는 경전은 조용하고 건강한 잠을 마련하는 것이다. 그 밖에 편리한 시간에 일정한 시간을 정해 놓고 독송한다. 일정한 간격으로 떨어지는 물방울이 결국엔 바위에 구멍을 내듯이 독송 역시 규칙적으로 해야 힘이 붙는다.

(9) 막히는 부분이 있으면 끝까지 알려고 한다

독송하는 와중에 막히는 부분이 있으면 지속적으로 그 의미를 되새기고 되새겨야 한다. 그러다 보면 의미가 명확히 와 닿게 되며 경전 말씀을 자기화한다. 이 경우 시간을 정해 지속적으로 집에서 독송하더라도 1주일에 한 번 날짜

를 정해서 절에서 도반들과 함께 모여 독송하며 서로 탁마
하고, 지도자는 간경 행자들의 막히는 부분을 풀어주고 이
해를 바르게 해 주며 점검해 나가면 바람직할 것이다.

5...
간경 수행의 진전 단계

　간경 수행을 하는데 어떠한 단계를 밟아야 수행의 참맛을 느끼며 수행의 효과를 제대로 체험할 수 있을까? 여기서는 간경을 올곧게 해온 수행자들의 체험담을 참고로 해서 그 대략적인 길을 제시해 보도록 하겠다.

　① 경전 내용 파악→ ② 해당 경전을 지속적으로 독송→ ③ 경전의 문리와 뜻이 드러남→ ④ 경전의 진실상 현현→ ⑤ 생활 속에서 구체적으로 경전의 지혜를 활용.

　1) 한문 경전이든 한글 경전이든 거기서 말하고자 하는 부처님 말씀을 이해하는 것이 선행되어야 한다. 따라서 간경 수행에서 첫째 조건은 경전에 대한 이해이다. 경전 해설

을 통해 경전을 받아들이는 첫 발자국을 내딛는 것이다. 특히 한문 경전을 독송하는 경우, 한문 내용에 대한 정확한 해석과 이해가 선행되어야 한다.

2) 하나의 경전을 택해 지속적으로 독송한다. 자신이 독송하고자 하는 경전을 택할 때는 자신의 근기나 수행의 조건이 맞아야 한다. 즉 부처님 말씀의 여러 갈래 중 자신이 수행해 나가고자 하는 지향점에 따라 경전을 선택해 독송하는 것이다. 그것은 일종의 자신이 의지해야 할 소의경전(所依經典)인 셈이다. 이러한 경전을 통해서 자신의 마음 상태를 되돌아보고 수행상태를 점검한다.

이와 관련하여 특별한 수행법을 택해 수행할 경우, 염불 수행하시는 분이 관세음보살님께 기도를 드리고자 할 때는 관세음보살과 관련 있는 《천수경》이나 《법화경》〈보문품〉을 독송한다. 아미타불께 기도드릴 때는 《아미타경》을 비롯한 《정토삼부경》을 독송한다. 조사선이나 간화선 수행을 하시는 분은 《금강경》《육조단경》《신심명》《증도가》 등의 경전이나 조사어록을 택한다. 이렇게 한 사람이 반드시 한 경전이나 그 이상을 수지 독송하도록 한다.

그리고 가능하면 공통적으로 《금강경》을 필수로 수지 독송하여 다 암송하고 그 뜻을 완벽히 이해한 다음, 여타의 경전을 선택하는 방법으로 나가면 더욱 좋을 것이다.

독송할 때는 다음의 절차를 밟는다. 우선 삼배를 하고 경전을 펼친 다음, 서원을 발한다. 그 다음, 언행을 맑게 하는 '정구업진언(淨口業眞言)'과 진리의 문을 여는 '개법장진언(開法藏眞言)'을 각각 3번씩 외운다. 마지막으로 해당 경전에 대해 3번 귀의한다. 《금강경》을 독송할 경우, '나무금강반야바라밀경' 하고 세 번 외우면서 합장 저두(반배)한다. 그 다음 경전을 읽어내려 간다. 독송을 마치면 삼배를 올린다.

경전의 내용이 마음속에 들어와 박히도록 하려면 먼저 경전을 독송하면서 그 소리를 따라가면서 소리에 집중한다. 일단 무엇보다도 먼저 집중이 되어야 하기 때문이다. 다음엔 소리를 들으면서 즉각즉각 그 의미를 떠올린다. 소리를 듣는 동시에 의미를 파악하는 효과적인 방법으로는 우선 짧은 문장을 정해서 그러한 느낌이 들 때까지 계속한다.

3) 경전의 문리(文理)와 뜻이 드러난다. 한 경전을 한마음으로 지속적으로 독송하게 되면 뜻이 드러나게 된다. 옛말에 '독서백편의자현(讀書百遍義自見)'이라고 했다. 부지

런히 읽고 또 읽으면 그 뜻이 저절로 드러난다는 말이다. 특히 한문 경전의 경우 지속적으로 독송하다 보면 한문과 경전에 대한 문리가 터지고 뜻이 드러나게 마련이다. 영어를 공부할 때도 문장을 부지런히 외우고 또 외우다 보면 영어문장이 몸에 익는 것과 마찬가지 이치다.

뜻이 드러나면 경전에서 설하고자 하는 부처님의 의도, 부처님 마음이 드러난다. 경전의 내용이 온전히 파악되는 것이다. 그렇게 될 때 그 경전의 내용이 몸과 마음에 고스란히 배이게 된다. 이 단계에 이르면 해당 경전 내용의 모든 구절이 자연스럽게 외워진다. 경전의 내용이 내면화되면서 경전에 대한 일종의 통(通)이 형성되는 것이다. 이렇게 통하게 된 상태에서 다른 경전을 보면 그 경전 역시 자연스럽게 외워지게 된다. 한문 경전의 경우 특히 그렇다.

4) 그 다음 경전의 진실상(眞實相)을 발견하여 경전의 지식이 지혜로 전환한다. 경전의 뜻이 드러나면 경전의 내용이 지혜로 전환되고 마음이 맑아지고 마음의 바탕이 평등해진다. 마음밭이 평등해지면 번뇌를 여의게 되고 모든 것이 환히 보인다. 사물의 실상인 공(空)을 꿰뚫어 오온개공(五蘊皆空)의 경지에 도달하게 되는 것이다.

6...
간경 수행의 공덕과 효과

《공덕경》에서는 경전을 큰 소리로 읽고 외우면 다음과 같은 공덕을 얻는다고 했다.

① 잠이 오는 것을 쫓는다.

② 천마(天魔)를 두렵게 한다.

③ 음성이 온 세계에 두루 퍼진다.

④ 지옥·아귀·축생의 고통을 쉬게 한다.

⑤ 밖의 소리가 안으로 침입하지 못한다.

⑥ 생각이 흩어지지 않는다.

⑦ 용맹정진할 마음이 생긴다.

⑧ 삼매를 얻게 된다.

⑨ 정토에 가서 태어나게 된다.

⑩ 진리를 체득한다.

⑪ 법을 전하고 중생을 제도하게 된다.

⑫ 상호가 원만해진다.

⑬ 정신에 밝은 빛을 얻는다.

이 밖에도 다른 경전에서는 경전을 읽고 기억하고 씀으로써 업장소멸은 물론 변재를 얻고 지혜를 성취하며 무생법인(無生法印)을 얻게 된다고 설하고 있다. 무생법인이란 더 이상 생사의 괴로움을 받지 않는다는 것이다. 그것은 해탈의 경지를 일컫는다. 이는 경전을 독송함으로써 모든 속박을 벗어나 깨달음에 도달할 수 있다는 것을 보여 준다.

실제로 간경 수행을 한 결과 그 수행체험의 효과를 살펴보면 위의 경전에서 하신 말씀과 어긋나지 않음을 살필 수 있다. 필자가 간경 수행자들을 직접 방문하여 그 효과를 살펴본즉, 많은 이들이 법열을 느끼고 생활의 활력소를 찾으며 불자로서, 수행자로서 열심히 살아가고 있었다. 그 몇 가지 사례를 정리해 보겠다.

첫째, 경전에 드러난 부처님 말씀을 잘 이해하게 된다. 독송을 지속해 나가면 그 내용이 몸으로 구체적으로 체화

된다. 예를 들어 《금강경》을 독송할 때 그 아상(我相)을 없애라는 말씀이 가슴 속에 확연히 와 닿고 뼈 속까지 스며드는 것이다. 이렇게 경전을 독송할수록 부처님 말씀이 내 몸과 마음에 명확히 새겨지게 된다.

둘째, 자신의 마음을 잘 들여다보게 되었으며 마음이 안정되고 머리가 맑아진다. 얼굴에서 빛이 나고 상호가 원만해진다. 화를 내는 순간, 그 마음을 알아채는 것이 빨라진다. 마음이 평화로워져 어떤 일을 하더라도 자신감이 붙는다. 독송하는 그 기운과 마음의 힘은 참으로 대단하여 경계에 처하여 두려움이 없다.

셋째, 깨어 있는 상태에서 밤새워 용맹정진하면서 경전을 독송하니 수마를 극복한다. 그렇게 밤을 새우더라도 얼굴은 더욱 맑아지고 손이며 다리며 살갗의 피부들은 우웃빛으로 목욕을 한 것처럼 윤기가 가득 넘친다. 마음은 그지없이 편안하고 경건해지면서 밝은 환희심으로 가득 차고 그 동안의 근심 걱정, 불안 초조 등은 아침햇살처럼 자취를 감춘다.

넷째, 《금강경》을 비롯한 어느 한 경전을 열심히 독송하고 외운 결과 죽을병에서 살아나는 등 죽음과 병을 극복한다. 현대 의술로도 고치기 힘들다는 병도 경전을 이해하면서 지속적으로 독송한 결과 거뜬하게 물리친 사례는 신기할 정도로 많다. 지속적으로 경전을 독송하여 업장을 소멸하여 원한을 씻은 결과다. 그 밖에 경전을 독송하여 영가를 천도시키며 재앙을 물리치기도 한다. 그러나 여기서 한 가지 주의할 점은 그러한 신통력을 얻는 데 집착하여 경전을 독송하게 되면 오히려 그러한 효과가 나타나지 않는다는 점이다.

다섯째, 탐진치 삼독이 점점 풀려나가는 것을 느낄 수 있으며 자연스럽게 시기와 질투심이 마음속에서 사라져간다. 복에 대해서 탐착하거나 복을 바라지 않아도 자연스레 복이 따라온다.

여섯째, 신도들이 함께 모여 법당에서 독송한 결과 신도들 사이에 신심으로 결속력을 다진 결과 이탈하는 사람이 적어진다. 그 수행의 효과가 입에서 입으로 퍼져나가 신도들이 날로 증가하며 사찰과 신도들의 유대가 더욱 강화된다.

7...
간경 수행과 선

경전 구절을 일심의 상태, 한결같은 마음상태에서 독송하다 보면 삼매를 체험하게 되고 그 삼매 속에서 부처님 말씀을 온몸과 마음으로 깊이 받아들여 지혜를 드러낸다. 그렇기 때문에 간경과 선 체험은 밀접한 관계를 이루고 있다. 또한 짧은 게송을 마음으로 깊이 관상하면서 외우게 되면 그 게송이 마음속으로 들어와 박혀 마음을 진하게 울리는 법열에 잠기기도 한다. 비록 짧은 경전 구절이나 게송일지라도 그 말씀에 온몸과 마음을 기울여 집중하면서 관하다 보면 그 말씀이 빈틈없이 우리의 전신을 타고 들어와 말씀과 내가 하나가 되는 것이다.

경전을 바탕으로 선에 들어가는 것을 능엄선(楞嚴禪) ·
화엄선(華嚴禪) · 법화선(法華禪) 등으로 부른다. 《능엄경》
을 바탕으로 하면 능엄선, 《화엄경》을 바탕으로 하면 화엄
선이다.

경전이나 어록에서 나타난 깨달음의 사례를 조사해 보
면 부처님 말씀이나 조사님 말씀을 듣고 곧바로 깨달은 경
우가 가장 많다. 초기 경전을 보면 부처님 말씀을 듣고 마
음이 열려 깨달음을 연 뜻 깊은 인연을 접하게 된다. 조사
선을 실질적으로 정립한 육조 혜능선사도 《금강경》 말씀을
듣고 그 자리에서 마음이 열려 깨달았다. 혜능선사 외에 중
국의 역대 조사들은 물론이고 우리나라 선사들도 스승의
한 말씀을 듣거나 선문답을 정리한 어록을 보다가, 혹은 경
전을 읽다가 깨쳤다. 대표적인 예로 보조국사 지눌스님은
《육조단경》《화엄경》 그리고 대혜스님의 《서장》을 보고 깨
달아 감격한 나머지 눈물을 흘린다.

부처님 말씀이나 조사 스님들의 말씀을 듣자마자 깨치
는 것을 '언하변오(言下便悟)'라 한다. 조사선의 두드러진
특징은 이 언하변오에 있다. 말씀을 듣자마자, 경전 구절
을 보자마자 깨치는 것이 깨달음의 진수다. 그 말씀을 듣고

그 자리에서 깨치지 못하므로 "그것이 무엇일까?" 하고 의심하는 것이 화두다. 화두 의심이다.

부처님 말씀을 정리해 놓은 경전이나, 조사 스님의 말씀을 모아 놓은 어록은 모두 깨달은 사람의 말씀이다. 그 말씀에는 그분들의 삶의 핵심과 생명이 담겨 있다. 우주의 본질과 이치가 새겨져 있다. 따라서 마음이 열려 우리가 분별과 시비를 하지 않고 투명한 눈으로 보고 듣는다면 우리도 그 깨달음의 세계에 동참하게 되는 것이다.

아울러 간경하다가 의심나는 구절, 막히는 구절을 만나 그것이 해소되지 않을 경우, 그것을 화두로 삼아 정진한다면 간경 수행과 간화선 수행을 병행할 수도 있을 것이다. 경전 속에서도 우리는 화두의 실마리를 많이 발견할 수 있다. 예컨대 《능엄경》에 나오는 "청정본연한데 어째서 산하대지가 생겼을까?"를 의심해 나갈 수 있다. 이 세계가 자연 그대로 청정하고 완성되어 있는데, 어찌하여 산이 생기고 냇물이 흘러가고 땅이 버티고 앉았냐는 말을 화두삼아 간절히 의심해 나가는 것이다.

조사어록을 보고 정말 "왜 조사 스님이 그렇게 말했을까?" "왜 그렇게 행동했을까?" 하면서 간절히 의심해 가는 것도 한 방법이다. 머리로 분별하고 헤아려 이해하고 의심하는 것이 아니라, 의식적으로 의도적으로 살피는 것이 아니라, 감각에 머물러 머리를 굴리는 것이 아니라, 어록 구절에서 말하는 조사 스님의 비의(秘義)를 바로 지금 이 자리에 있는 그대로 알아차리려고 마음을 사무치게 기울이는 것이다.

아울러 우리는 간경을 통해서 발심을 촉발할 수 있다. 선 수행에서 무엇보다 중요한 것이 발심이다. 발심이 되지 않은 상태에서 아무리 경전을 보고 좌선을 한들 그것은 간절한 하나의 물줄기를 형성하지 못한다. 장애나 유혹이 오면 쉽사리 무너지기 마련이요, 하기 싫은데 억지로 노력하는 꼴이어서 심신도 평화롭지 못하고 병통을 유발하기 쉽다. 그런데 경전이나 조사어록 혹은 그 밖에 선지식의 말씀을 담은 가사 등을 온 마음을 기울여 읽다 보면 마음에 울림이 오고 마음을 수행의 바다로 끌어들이는 강력한 힘을 느끼게 된다.

예를 들어 경허스님의 〈참선곡〉을 독송하다 보면 인생의 무상함을 절실히 느끼고 발심하여 화두를 들어야 하는 이치와 그 방법을 마음속에 새기게 마련이다. 마찬가지로 수

백 번 경전을 읽어 인과를 알고 그 속에서 번뇌망상을 보고 본래 자성을 깨달아야겠다는 마음을 내게 되면 간경 수행을 통해 내면의 평화는 물론 발심의 유도에도 큰 도움을 준다. 물론 간경 그 자체만으로도 경전 말씀의 진실상을 그 자리에서 체득하여 깨달음에 이를 수도 있지만 말이다.

어찌되었든 간경과 선은 매우 밀접한 관계에 있다. 간경을 통해 발심을 촉발하기도 하고 간경삼매의 선 체험으로 몰입할 수도 있으며 그 자리에서 경전 말씀에 곧바로 깨달아 마음을 크게 쉬기도 하는 것이다.

주력 수행

1

주력 수행이란 무엇인가?

수행이란 자신의 마음과 몸을 닦아나가는 것을 말한다. 몸과 마음을 닦아서 맑은 호수처럼 고요한 상태에서 자신의 참 모습을 발견하여 걸림 없이 잘 사는 것이 수행의 목적이다.

그러나 몸과 마음을 닦는다 하지만, 몸은 마음 가는 대로 따라가며 몸 또한 마음과 분리된 몸이 아니요 마음의 또 다른 표현이기 때문에 수행은 마음을 닦는다 하여 수심(修心)이라고도 하고 마음에 낀 때를 닦아낸다 하여 세심(洗心)이라고도 한다.

오염된 마음을 닦아 나 자신의 본래 마음을 찾는 것이 수행에선 무엇보도 중요하다. 나의 본래 모습, 자신의 진정한 모습은 어디에도 걸리지 않는 자유로움 그 자체이며 마음이 푹 쉰 부처님의 모습이다. 그것은 마음이 한없이 편안해져 지극히 행복하고 평화로운 상태이다. 수행을 통해서 우리는 이 영원히 행복하고 평화로운 모습을 확인하면서 궁극적으로는 그것을 완전히 회복하는 것이다.

불교 수행은 부처님이 말씀하신 그 가르침을 내 몸에서 실현하는 것이다. 연기·무아·중도·무집착·무심(無心)·공의 이치를 이 몸과 마음으로 구현해 부처님처럼 되는 것이다.

그렇다면 주력 수행이란 무엇인가? 바로 주력(呪力)을 가지고 수행하는 것이다. 주력을 통해 마음을 맑혀 부처님처럼 되는 것이다. 주력이란 진실한 말의 힘을 말한다. 그 진실한 말은 진짜 말이요 참 말이다. 그래서 그것을 한자로 진언(眞言)이라 한다. 주력이라 한 까닭은 그 진언이 신비한 힘을 지니고 있기 때문이다. 신비한 힘을 지닌 진언을 외워서 내 몸과 마음을 닦아 나 자신의 청정하고 깨끗하며 평화로운 모습을 찾는 것이 주력 수행이다.

말에는 삶과 세상을 움직이는 오묘한 힘이 있다. 우리는 말을 통해서 의사를 전달하며 자신의 마음을 표현한다. 말의 의미가 곧 말의 힘이 된다. 사물을 지탱하고 움직이는 것은 이 의미라는 힘이 있기 때문에 가능하다. 이렇게 말에는 의미와 마음을 전달하는 힘이 있기에 상대방의 마음을 열기도 하고 닫기도 하며 사람을 울게도 하고 웃게도 만든다.

말이 상대방을 헤아리고 배려하는 좋은 말일 때, 감동을 주는 말일 때 사람의 마음을 움직이는 힘이 크다. 특히 거짓 없는 진실한 말, 순수한 말, 아름다운 말은 사람의 마음을 바로 움직여 변화의 길로 나서게 한다. 이러한 말의 힘이 종교와 만나면 어떤 특별한 말은 인간세계를 비롯한 우주 곳곳에 스며있는 진리와 연결된다. 말의 주파수가 그렇게 법계에 연결되어 코스믹 파워(cosmic power)와 접속하는 것이다.

특히 이성적인 언어로 표현할 길이 없는 최고의 진리를 품고 있는 말은 우주적인 힘 자체이기에 여기에는 모든 것이 간직되어 있으며 삼라만상 두두물물을 유지하고 보존하는 힘이 있다. 우주를 생성, 보존, 파괴하는 힘과 삶의 원리가 진실한 말에 내장되어 있다는 것이다. 거듭 말하건대 그 진실한 말이 참 말이요 진리로서의 말이기 때문에 진언이다. 이러한 진언을 외움으로써 그것이 내 마음을 중심에 자리잡아 힘을 얻게 되면 신비한 능력을 갖추는 것은 물론 업장도 소멸하게 된다.

주력, 즉 진언은 진리를 담고 있다. 진언을 외우는 일 자체가 진리를 설한 말씀이나 경전을 잊지 않고 간직하게 하는 힘을 발휘하게 된다. 《반야심경》을 독송할 때 맨 나중에 "아제 아제 바라아제 바라승아제" 하면서 진언을 외우는 이유도 부처님 말씀을 마무리하면서 응축된 언어인 진언을 통해서 《반야심경》의 전체 의미를 내 마음 속에 담아내는 데 있다. 간경 수행에 들어가기 앞서 경전을 펼칠 때도 언행을 깨끗이 하는 '정구업진언(淨口業眞言)'이나 진리의 말씀을 여는 '개법장진언(開法藏眞言)'을 외운다. 이렇게 진언은 부처님 말씀의 처음과 마무리를 장식할 정도로 중요하다.

우리나라 근현대의 여러 선지식들이 주력 수행으로 힘을 얻고 깨달은 사례까지 있다. 화두 참선을 강조했던 성철 스님도 수행자들에게 능엄주력을 권했다.

2

주력의 의미와 역할

주력 수행은 특정한 문장이나 음절의 형태로 이루어진 언어의 초월적 힘을 믿고 그것을 외움으로써 업장을 소멸하고 여러 가지 장애로부터 벗어나거나, 궁극적으로는 깨달음에 이르고자 하는 수행방법이다. 그런데 주력 수행에 사용되는 주문은 말은 말이되 그것은 의사소통을 매개하는 언어의 일반적인 범주를 완전히 뛰어넘는다. 해석될 수 없고 풀이될 수 없다. 그러한 주문은 초월적이고 이성적 사유로는 파악될 수 없는 신성한 의미와 능력을 지니고 있다. 따라서 주문을 해석한다면 그것은 이미 주문으로서의 기능을 상실한다.

주문은 다라니(陀羅尼)·진언(眞言)·총지(總持)·능지(能持)·주(呪)·신주(神呪)·명주(明呪)·호주(護呪)·만뜨라(mantra) 등으로 불린다. 다라니의 산스크리트 표기는 'dhāraṇī'이다. '기억' '회상' '유지' '파악' 등을 뜻한다. 그 어원은 드흐리(dhṛ)로서 '지탱하다' '유지하다'라는 동사 원형이다. 그것은 무엇인가를 꼭 붙들고 놓치지 않는 행위를 내포하고 있다. 그래서 다라니는 모든 것을 지탱시키므로 총지(總持)요, 잘 기억하고 유지시키므로 능지(能持)라고 번역한다. 아울러 다라니는 가르침을 잘 기억해 간직함으로써 악으로부터 자신을 보호한다는 의미로 확대된다. 호주(護呪), 또는 호신주(護身呪)라는 말은 이러한 의미를 잘 보여준다. 그리고 모든 악을 제거한다는 의미에서 능차(能遮)라고도 한다.

만뜨라(mantra)는 다라니와 거의 유사한 의미를 지니고 있으며 진실한 말이라는 의미에서 진언(眞言)이라 번역한다. 만뜨라를 다라니와 구분할 경우, 그 주문의 길이가 불과 몇 개의 음절이나 구(句)로 이루어져 훨씬 짧을 것을 일컫는다. 극히 짧을 경우는 한 음절이나 두 음절 정도로 이루어져 있다. '옴(Oṃ)' '훔(hum)' 등도 만뜨라로 사용한다.

주력의 씨앗은 불교가 발생한 인도의 토양에서 발아하였다. 힌두교의 성전인 베다와 브라흐마나 등의 문헌 등에는 만뜨라나 그것의 소리(Vāc)가 우주와 내면을 움직이는 신비한 힘과 의미를 지니고 있는 것으로 묘사되고 있다. 나아가 그것들은 신보다 앞서는 실체의 모습으로 그려진다. 또는 '옴(Oṃ)'과 같은 특정한 주문은 우주적인 힘(power)으로 상징된다. 이러한 영향을 받아 힌두교의 주문에서 사용하는 말은 곧 신의 힘을 의미하게 되었다. 이 초월적인 힘, 또는 초월적인 존재에 의해 세계가 탄생하게 된다. 그 힘의 본질을 간직한 것이 곧 만뜨라이다.

힌두교에서 특정한 만뜨라의 한 음절이 곧 신으로 지시되었듯이, 불교에서도 그러한 만뜨라는 부처님의 진심(眞心)을 표현한다. 만뜨라는 부처님의 진심을 보여주는 것이다. 따라서 부처님 가르침의 소리 그 자체가 중요하지, 그 소리가 매개하는 의미 자체는 중요하지 않다.

석가모니 부처님께서는 신에 의지하지 말고 그와 관련한 주력의 기능에 매달리지 말라고 설하셨다. 그러나 초기 불교에서도 일상생활을 하는 재가자들에게는 재앙을 쫓고 복을 부를 수 있을 정도의 주력 신앙은 암묵적으로 용인되었다. 대중의 마음을 고려한 이러한 전통은 계속 이어져 여전히 남방불교에서도 호주(護呪)가 그대로 통용되고 있다. 그러나 이는 엄밀한 의미에서 주력을 통한 '수행'의 영역은 아니다.

주력 수행은 마음을 굳건하게 하는 기능과 깨달음을 얻게 하는 기능에서 찾을 수 있다. 마음을 키우는 주력 수행은 강한 억념(憶念)을 지님으로써 모든 선법을 모으고, 모든 악법을 멀리하여, 크게 부끄러워하는 마음을 내는 역할을 한다. 이것이 견고하면 모든 복덕과 지혜를 모으고 마음이 금강과 같이 굳건해진다.

주력 수행이 깨달음과 연결되는 지점은 《반야경》에서 시작된다. 《반야경》에서는 주력 수행이 궁극적인 지혜를 드러내고 있음을 보여준다. 다라니 자체가 반야바라밀로 취급되어 다라니 지송 수행으로서 새로운 수행의 영역을 구축하게 된다. 이와 관련하여 《대지도론》에서는 다음과 같이 말한다.

"이 반야바라밀다주는 능히 노병사(老病死)의 고통을 면하게 하며, 중생을 대승(大乘)에 서게 하여 그로 하여금 일체중생 가운데 최고인 부처가 되게 한다. 대명주(大明呪)라고 하는 것은 바로 그런 뜻이다."

반야바라밀다주는 '다라니'요, '명주'요, '부처님'이라는 것이다. 따라서 반야바라밀다주를 지송함으로써 일반 신도들이 대승의 세계에 참여할 수 있었던 것이다. 마침내 인도에서 밀교가 만개되자 다라니 지송수행으로 깨달음에 이르게 되는 과정이 확실하게 정립된다. 특히 밀교에서는 현재 이 몸으로 성불을 이루는 즉신성불(卽身成佛)을 강조한다. 그 성불의 과정에 입으로 진언으로 외는 것이 중요한 역할을 한다.

나아가 다라니가 중심이 되는 경전을 보면, 다라니는 경전 내용이 응축된 결과로 묘사되고 있다. 다라니 지송이 경전 독송의 공덕과 유사해지는 것이다.

3...
주력 수행의 원리

의미를 알 수 없는 진언을 외우는 주력이 어떻게 해서 수행이 되며 수행의 효과를 드러내게 되는가? 어쩌면 무의미한, 그래서 전혀 뜻을 알 수 없는 말을 외운다는 것은 아직 지각이 깨어 있지 못한 어린아이가 단순한 말을 지껄이는 것과 어떠한 차이가 있는가? 과연 주력이 불교의 수행법으로서 그것이 불교만의 정체성을 드러낼 수 있으며 온전한 수행으로 어떻게 자리매김할 수 있는가?

진언은 신비한 힘을 지닌 말이요, 부처님의 마음을 드러내는 말이며 부처님이 설한 광대한 경전말씀을 응축해서 드러내는 말이다. 그러므로 그 말은 우리들의 불성을 일깨우는 말이요 내 마음의 생명을 깨우고 살아나게 하는 말이다.

그런데 그 말이 단순한 단음절 또는 몇 음절, 또는 길어야 여러 가지 문장으로 구성된 음절이라는 점에서, 그러면서도 그것이 부처님의 마음과 가르침 전체를 담고 있다는 점에서 그것은 생각과 의미의 영역을 벗어나 있는 말이되 말이 아니다. 생각과 의미로 그 몇 음절의 진언을 해석할 경우, 주력의 가치와 역할은 사라지고 부처님의 장광설을 조그마한 상자에 가두어 두는 꼴이 되고 만다. 진언은 생각이 들어올 틈을 주지 않는다. 생각과 의미로 주력을 파악할 수 없다는 점에서 어쩌면 그것은 화두와 닮아 있다고 볼 수도 있을 것이다.

우리가 일상적으로 사용하는 말은 사유를 동반한 말이다. 즉 말은 우리들의 생각을 표현하는 기능을 하고 있다. 그러나 생각은 이성의 추리작용을 동반하며 이러한 작용을 통해서 있지도 않는 복잡한 관념을 만들어 내고 상상의 나래를 펴며 온갖 망상과 억측을 불러일으킨다. 우리는 이 생각 때문에 사실을 있는 대로 보지 못한다. 사실을 사실대로 보고 들으면 좋을텐데 무시 이래로 쌓아온 과거의 습 때문에, 그 생각의 흔적 때문에 사실을 사실대로 못보고 나만의

색안경을 끼고 주변 여건과 주변의 사람들을 판단하며 시기질투하고 비교하며 조작하면서 살아간다.

그러한 시비와 조작 속에서 우리는 있지도 않은 허깨비를 만들어 놓고 고통스럽게 살아가고 있는 것이다. 또한 우리의 생각은 개개의 사물 그 자체, 세계 그 자체, 나 자신의 본래 모습, 나의 생명력 자체를 지시하지 못하고 드러내지 못한다. 생각하는 순간, 말하는 순간 우리는 그곳으로부터 벗어나게 되며 또 다른 딜레마에 직면하기 마련이다. 일상적인 말로는, 생각으로는 헤아릴 수 없는 불가해한 영역이 우리 주변에는 무수히 많다. 이 지점에 이르러 생각과 이성은 자기 한계를 절감하고 침묵한다.

주력에서 사용되는 진언은 이러한 말의 자취, 생각과 의미의 자취가 사라진 말이다. 그러면서도 그 말은 부처님의 마음을 드러내고 법계를 유지하며 한 곳으로 모으는 작용을 한다. 따라서 우리는 주력을 외움으로써 그 의미를 새기지 말고 소리를 간직함으로써 생각을 차단하고 무념의 경지에 다다라야 한다. 그 무념의 경지에서 그 말이 지시하는 부처님 마음을 직시하고 나의 진정한 생명력과 우주와 접하게 되는 것이다. 따라서 우리는 진언을 외울 때 생각을

차단하고 그 온몸과 마음을 기울여 소리 자체에 몰두해야
한다. 그렇게 해서 주력삼매에 들어 무아의 상태에서 불·
보살님의 힘을 감지하고 감득해야 되는 것이다.

불자들은 불·보살님의 마음과 세계관에 입각해서 주력
을 외워야 한다. 그 주력을 설하게 된 불보살님의 가르침을
간직하고 주력을 외워야 한다는 것이다. 천수주력, 능엄주
력, 광명진언, 육자진언 등등을 설한 각각의 불·보살님의
본심에 깨어 있는 것이 무엇보다도 중요하다는 것이다. 따
라서 주력을 할 때는 먼저 불보살님께 귀의하고 그것을 설
한 불보살님이 마음과 의미를 되새기며 서원을 발하고 온
마음을 기울여 소리에 집중해야 한다.

4

주력 수행의 효과

"독송이 거듭될수록 마음이 환해지고 지혜가 생기며 현실의 문제에 겁을 내거나 피하려는 마음이 들지 않고 잘 해결할 수 있다는 자신감이 생겼다. 강한 긍정의 힘이 생겨 튼튼한 울타리가 되고 든든한 버팀목이 되어준다."

주력 수행을 열심히 한 어느 보살님의 글이다. 이 밖에도 주력 수행을 한 결과 1급 시각장애자가 시력을 회복하거나 갖가지 병고에서 벗어나 육신의 건강을 찾은 예도 아주 많다. 특히 중요한 것은 주력 수행을 통해 마음이 여유로워지거나 관대해지고 주변의 사물을 보는 시각이 넓고 깊어져 마음의 안정과 평화를 얻었다는 점이다. 그리고 주력 수행은 과거의 업장을 다스리는 데 어느 수행보다 탁월한 효과를 지니고 있는 것으로 나타난다. 이와 관련하여 서산스님은《선가귀감》에서 다음과 같이 말한다.

"진언을 외는 것은, 금생에 지은 업은 비교적 다스리기 쉬워 자기 힘으로 고칠 수 있지만, 전생에 지은 업은 지워버리기 어려우므로 신비한 힘을 빌리려는 것이다."

주력 수행으로 업장소멸은 물론 깨달음에 이른 우리나라 근대의 선지식들이 있다. 의성 고운사의 김수월(水月永琅, 1817~1893) 스님은 주력 수행으로 깨달음을 증득한 스님이다. 스님은 "생사의 일이 매우 크니 한치의 짧은 시간인들 어찌 등한히 하리."라고 통탄하면서 고운사 남암(南庵)에서 도반들과 함께 결사를 하고 10년간의 주력 수행을 통해 깨달음을 얻었다. 그 결과 생존시에 스님의 잇몸에서 사리가 두 개 나오더니 1866년까지 팥알만한 영롱한 사리가 양쪽 눈에서 끊임없이 나와 모두 46과였다고 한다. 꿩이 스님의 발에 와 앉고 제비가 머리 위에 내려앉기도 했으며 노루가 가슴으로 안겨오기도 했다.

용성(龍城)스님도 화두를 참구하여 깨달음을 얻기 전에 천수다라니와 육자진언 수행을 하여 힘을 얻고 마음을 맑히게 된다.

다음은 용성스님과 위에서 소개한 김수월스님과의 문답 내용이다. 용성스님이 묻는다. "삶이 무상하고 신속하니 어떻게 깨달음을 얻어야 하겠습니까?" 수월스님이 답한다. "불법이 융성하던 시기는 멀어져 번뇌가 강해지고 불법이 약해졌다. 그러니 지극한 마음으로 불법승 삼보에 예를 갖추고 부지런히 대비신주(大悲神呪)를 외운다면 자연히 과거의 업을 소멸하고 마음이 깨끗하게 될 것이다."

또한 경허스님의 제자 전수월(水月音觀, 1855~1928) 스님도 천수대비주로 깨달음을 얻은 분이다. 때는 경허스님의 세 달로 불리는 수월(水月)스님, 만공(滿空)스님, 혜월(慧月)스님이 함께 서산 연암산 기슭 천장암에서 수행을 하고 있을 즈음이다. 경허스님은 글을 배우지 못했지만 마음씨가 순진무구한 수월에게 오직 천수대비주만 외우게 했다.

수월스님은 스승의 분부대로 자나 깨나 앉으나 서나 오로지 '천수주'만 외웠다. 어느 겨울날 수월은 저녁 예불을 드린 후 천장암 아래에 있는 물레방앗간으로 내려가 방아를 찧고 있었다. 천수다라니를 지송하는 일과 방아 찧는 일이 한 몸이 되어 있을 즈음, 주지 태허스님이 외출했다가 자정이 다 되어서야 돌아오고 있었다. 주지스님은 방앗간에 불빛은 있는데 방아 찧는 소리가 나지 않아 이상히 여기고 가보니 물레방아 공이는 금방이라도 내리찍을 듯 허공에 매달려 있는데 수월은 돌확 속에 머리를 박고 아기처럼 잠들어 있는 것이었다. 태허스님이 단숨에 달려가 수월을 끌어냈다. 그 순간 방앗공이는 기다렸다는 듯이 다시 '쿵, 쿵!' 소리를 내며 방아를 찧기 시작하였다. 이후 경허스님은 수월의 법기가 무르익었음을 알고 7일 용맹정진을 허락하였다. 수월스님은 방석에 앉아 눈을 지그시 감은 뒤 식음을 전폐하고 '대비심다라니'를 외기 시작하여 마침내 깨달았다.

이러한 다라니의 지송과 깨달음과 관련하여 《아사세왕경》에서 다음과 같이 말한다.

"다라니는 가히 다하거나 또한 다함이 있을 수도 없다. 가히 넘을 수 없는 것이기에 가히 들어가지 못함도 없고, 또 가히 들어가지 못함이 없는 까닭에 이것을 일컬어 허공계라 하는 것이다."

말하자면 다라니의 지송으로 공(空)의 경지와 최고의 깨달음을 체득할 수 있다는 것이다. 그리고 불지(佛智)를 드러낼 수 있는 지름길이며, 지식이 있건 없건 누구나 쉽게 따라 할 수 있는 것이 주력 수행이라고 경전에서는 말한다.

5

천수대비주의 지송법과 마음가짐

불자들이 많이 지송하는 경전 중에 하나가 《천수경(千手經)》이다. 《천수경》 속에는 많은 다라니들이 열거되어 있다. 그 여러 다라니 중에서 핵심이 천수대비주(千手大悲呪)다. 천수대비주란 천 개와 손과 천 개의 눈을 지닌 관세음보살님께서 중생들의 아픔을 자비의 눈으로 보고 따사롭게 구원의 손길을 펼쳐 아픔과 슬픔에서 벗어나게 하는 커다란 자비의 주문이다.

천수다라니가 설해진 이유는 관세음보살님의 다음과 같은 마음을 알기 위한 것이다. 곧 관세음보살님의 지혜의 마음, 자비로운 마음, 평등한 마음, 두려움이 없는 마음, 공경하는 마음, 위없는 보리를 구하는 마음, 공을 관하는 마음(空觀心), 특정한 견해에 치우치지 않는 마음(無見取心)을 알아서 내 마음 속에 깊이 간직하고자 하는 것이다. 요약해서 말하자면 자신을 비우는 마음이며 자비로운 마음이다. 자신을 비우면 평등무사하며 두려움이 없고 일체에 공경하기 때문이다. 그것은 곧 관세음보살님의 마음이기도 하지만 불자들이 믿고 간직해야 할 평화로운 삶의 길이요 삶의 질곡에서 벗어나는 길이기도 하다.

천수대비주를 지송하려는 수행자는 적어도 이러한 관세음보살님의 마음을 자신의 마음에 새겨야 한다. 그리고 《천수경》에서 설하는 말씀과 경전상에서 밝힌 최소한의 의식절차를 따르면서 다라니를 지송해야 바람직하다. 그 기본적인 절차는 다음과 같다.

① 주력 수행의 장소를 청결히 해야 하고, 언행과 마음가짐을 잘 가다듬는다.

집에서나 기타의 장소에서 주력 수행을 하더라도 그 수행 공간을 별도로 정해서 그곳을 신성하게 여기고 지극한 마음을 기울인다.

② 수행 장소에 천수관음상을 모신다. 그러지 못하면, 석가모니불이나 대세지보살을 모신다. 그것도 마땅치 않다면 마음속에 불상을 모신다.

③ 다라니를 외우기 앞서, 여러 불보살과 천신들, 또는 관세음보살에게 예를 올린다.

실제로 불상을 모시지 않더라도 향을 피우고 절을 올리면 된다. '나무대비관세음보살'을 온 마음을 기울여 염하면서 3배 할 수도 있으며, 별도로 관세음보살님께 올리는 예경문을 마련하여 올리면서 절하면 더욱 좋다.

④ 간절한 마음으로 원을 세우되, 타인을 위한 큰 자비심을 일으켜 남을 위해 기도한다.

중생에 대한 지극한 자비심을 가지고 원(願)을 세운다. 자비로운 관세음보살님이 곧 나 자신의 참 모습임을 명심하고, 그 참 모습에 돌아가려 하고자 한다. 그래서 원을 세우되 모든 중생을 구제하겠다는 원을 세우는 것이다.

⑤ 다라니를 염송할 때는 다라니에 마음을 집중해 염송한다.

천수대비주는 기본적으로 21번, 또는 108번을 지송하는 것을 원칙으로 한다. 물론 그 이상도 가하다. 시간을 정해 놓고 지송하는 방법도 있을 것이다. 혼자 할 수도 있고 여럿이 모여 함께 목소리를 맞추어 할 수도 있다. 그렇게 지송하다 보면 점차 대비주 전체를 지송하는 속도가 빨라져 대비주가 마음속에서 돌아가기 마련이다. 그리고 초심자들은 맨 처음 책을 보고 지송하더라도 반드시 외우도록 한다.

다라니를 외울 때는 바르게 앉아 생각을 비우고, 눈·코·귀·혀·온몸의 힘을 뺀다. 그리고 다라니는 자기 귀에 들릴 만큼 나직한 소리로 외운다. 목에 힘을 주거나 너무 큰 소리로 하지 않는다. 또한 자기가 내는 다라니 소리를 역력하게 들어야 한다. 이러한 다라니 독송법은 개인과 사찰에 따라 다를 수 있다. 또한 다라니 독송의 횟수도 달리 할 수 있다.

⑥ 다라니가 품고 있는 공덕과 그 힘에 대해 의심하지 않는다.

⑦ 다라니 지송이 끝나면 자신의 잘못에 대해 참회한다.

자신이 지은 악행과 죄업에 대한 뉘우침의 참회다. 수행자가 다라니를 외운 뒤에는 생활의 장애가 모두 과거의 원인에서 비롯된 것을 자각해야 한다. 내 마음속에는 전생은 물론 현생에서 비롯된 여러 가지 죄업이 쌓여 있다. 참회하지 않으면 해탈과 구원에 이르는 길이 멀다. 그러므로 반드시 자신의 죄업과 잘못된 행동을 참회하고 마음을 깨끗이 해야 한다. 아울러 일상생활 속에서도 관세음보살님의 마음을 가슴속에 깊이 새겨나가야 한다.

이 정도의 내용이라면, 천수주력 지송에 따른 준비, 예경, 발원, 참회 등의 최소한의 절차가 포함된 것이므로 여기에 의거하여 수행하면 되리라고 본다.

6...
능엄주의 지송법과 마음가짐

능엄주(楞嚴呪) 지송은 성철스님이 1947년 봉암사결사에서 참가 대중들이 함께 머물며 지켜야 할 중요한 하루 일과의 하나로 제시한 것이기도 하며 참선하는 수행자들에게 권장한 수행법이기도 하다.

능엄주는 《능엄경(楞嚴經)》 제7권에 수록되어 있는 다라니다. 《능엄경》은 아난존자가 걸식하는 과정에서 마녀 마등가의 유혹에 넘어가 파계의 위험에 처한 장면으로 내용이 시작된다. 그 위태로운 광경을 신통력으로 본 부처님이 아난존자를 위험에서 구출한 후, 수능엄삼매(首楞嚴三昧)의 놀라운 공덕을 보여주고, 아난존자에게 마음을 찾는 길과 마음을 닦는 수행법에 대해 자세히 설한 내용으로 이루어져 있다.

제7권에서는 어떻게 하면 수행과 신심을 잘 다스려 도를 완성할 수 있는지 그 방법을 말하고 있다. 이러한 방법의 하나로 계를 잘 지키고 부처님께 경배하거나 능엄주를 지송하는 방법 등이 등장하는데, 이때 능엄주가 전개되는 것이다.

수능엄삼매는 '용맹스럽게 정진하여 삼매를 닦는다'는 의미다. 능엄주는 그러한 삼매를 얻는 데 도움을 주는 진언이다. 다시 말해서 능엄주란 용맹스러운 능엄삼매의 경지를 열어주는 주문인 것이다.

능엄주는 《능엄경》의 이러한 경전상의 배경 때문에, 참선하는 수행자들에게 용맹정진의 힘을 증장시키고 선정의 힘을 굳건하게 세우는 데 도움을 주는 수행법으로 자리잡았다. 그리고 수행 과정에서 전개되는 마장을 소멸하기 위한 수행법으로 각광을 받았다. 수행하다 보면 여러 가지 경계나 마장에 직면하기 마련이다. 이러한 경계나 마장에 직면하여 그것을 슬기롭게 극복하지 못하면 잘못된 길로 빠지게 마련이므로 능엄주 지송으로 그러한 어려움을 극복하는 것이다. 그래서 예전에 선종 총림에서는 능엄주를 외면서 안거수행을 무사히 마치기를 기원했다. 성철스님은 이러한 이유로 능엄주 지송을 권장했던 것으로 보인다.

또한 능엄주를 일심으로 지송하는 가운데 능엄삼매를 얻어 《능엄경》에서 말하는 부처님 말씀을 꿰뚫는데도 그 지송의 가치가 있다. 따라서 《능엄경》을 지송하기 전에는 적어도 《능엄경》에서 설하는 부처님 말씀의 핵심을 잘 간직하고 있어야 한다.

능엄주를 지송하는 절차에 대해서 경전상에서 특별히 제시된 바는 없다. 하지만 《능엄경》의 정신을 간직하는 것이 무엇보다 중요하다. 일반적으로 천수다라니를 지송할 때는 《천수경》과 함께 외울 때가 많기 때문에 천수다라니를 외는 마음가짐을 충분히 간직하기 마련이다. 하지만 능엄주를 외울 때 《능엄경》 전체를 독송하기란 어려우므로 최소한 《능엄경》에서 말하고자 하는 근본정신을 알고 지송하자는 것이다. 그리고 능엄주를 지송할 때도 준비 · 예경 · 발원 · 참회 · 염송 등이 동반되면 바람직할 것이다. 그 대략을 예시해 보면 다음과 같다.

① 부처님을 모시고 향을 사른다(焚香). 불상을 모시지 못하면 마음속으로 불상을 모시고 향을 사르고 삼배를 한다. 여건이 허락하면 예불도 올린다. 아니면 향을 올린 다음에 108배를 하며 참회하는 방법도 있다.

② 정구업진언(淨口業眞言)과 개법장진언(開法藏眞言)을 외운다.

③ 능엄주를 지송한다. 능엄주 지송 횟수는 개인별로 또는 단체별로 정한다.

④ 회향게를 하고 발원으로 마친다.

이 밖에도 발원을 한 다음에 경전을 독송하거나 참선을 할 수도 있다. 특히 능엄주력이 수행상의 정진력과 외호력을 증장시키기 때문에 능엄주를 지송한 다음 참선 수행에 들어가면 바람직할 것이다.

7...

육자진언과 광명진언의 지송법과 마음가짐

‘옴 마니 반메 훔’ 육자(六字)진언은 굳이 해석하자면 "오 연꽃 속의 보석이여!"라는 의미다. ‘옴(Oṃ)’ 은 만물의 시작과 보존과 끝을 함축하는 말이다. 탄생-유지-완성의 모든 과정이 이 한 마디 말에 들어 있다. 우주의 모든 탄생과 성장과 아름다운 종결의 비밀이 여기에 다 들어 있다는 것이다. ‘마니(maṇi)’ 는 보석을 뜻하며, ‘반메’ 는 파드마(padma)를 일컫는다. 파드마는 산스크리트어로 연꽃이다. ‘훔(hūm)’ 은 모든 과정의 종결, 마무리를 의미한다. 한 맛으로 거두어들인다는 것이다.

연꽃은 지혜요 보리며 보석은 자비요 방편이다. 지혜와

자비, 보리와 방편은 새의 양 날개와 같다. 이 양 날개가 균형을 이루어야 새는 창공을 아름답고 멋지게 비상할 수 있다. 지혜와 자비, 보리와 방편 역시 서로 균형을 이루며 전개되어야 한다. 지혜로운 눈으로 자비를 펼칠 때 그 생명의 숨결과 평화로운 마음이 치우침 없이 조화롭게 펼쳐진다. 보리와 방편 역시 마찬가지다. 보리의 지혜를 중생들이 처한 상황에 맞게 적절한 방편을 구사해야 제대로 어울리게 마련이다. 그것은 관세음보살님의 마음이기도 하다.

이렇듯 이 육자진언은 관세음보살님의 본마음이 응축된 신비한 주문이다. 그래서 이 육자진언은 관세음보살님의 미묘한 마음을 드러내길 바랄 때 많이 지송한다. 그리고 진각종에서는 법신불의 마음에 가 닿기 위해 육자진언을 지송한다. 이러한 육자진언의 정신을 마음에 새기고 '옴 마니 반메 훔' 소리에 집중하면서 리듬과 파장을 타고 지송하면 마음에 깊은 울림이 오면서 주력에 쉽게 몰입할 수 있다.

광명진언은 '옴 아모가 바이로차나 마하무드라 마니 파드마 즈마라 프라바를타야 훔'이다. 아모가(amoga)는 갖가지 공덕을 성취한, 바이로차나(vairocana)는 비로자나부처님이라는 뜻이고, 마하무드라(mahā mudra)는 큰 깨달음의 상징을, 마니는 보석을, 파드마는 연꽃을 의미한다. 즈마라(jvala)는 빛·광명·등불을 뜻하고, 프라바릍타야(pravartya)는 '행위 되어진'이라는 뜻의 과거수동분사다. 제대로 해석하면 "모든 공덕을 성취한 비로자나 부처님의 큰 깨달음을 상징하는 광명으로 화한 마니주와 연꽃이여!"라는 의미이겠다. 간략히 말하면 비로자나 부처님의 광명의 빛이 널리 비추길 기원하는 진언이다.

이 광명진언을 지송하면 어떤 커다란 죄업을 지었다 하더라도 비로자나 부처님의 밝은 빛에 의해서 남김없이 소멸된다. 그래서 '멸악취진언(滅惡趣眞言)'이라고도 한다. 그런 의미에서 광명진언은 영가들에게 밝은 빛을 보내 좋은 곳으로 인도하는 영가천도나 임종 직전에 많이 지송하지만 나 자신은 물론 사람들의 업장을 소멸하고 밝은 마음이 들게 하는 진언으로도 사용한다. 빙의에 걸린 사람의 귀신을 감화시켜 귀신을 물러나게 하는 역할도 한다.

이 광명진언은 밝은 태양과 같은 광명을 떠올려 자신의 몸과 마음이 밝은 광명이 되게 한 상태에서 일념으로 지송하면 효과적이다. 그렇게 하면 어떠한 업장도 녹게 마련이다.

육자진언이나 광명진언을 지송할 때도 천수주력이나 능엄주력의 지송하는 절차를 거치면 좋을 것이다. 그리고 이 두 진언은 일상생활 하면서도 특별한 절차 없이 언제 어느 때나 간편하게 상황에 맞추어 지송해 나갈 수 있는 장점이 있다. 물론 천수대비주나 능엄주력도 그것이 완전히 몸에 익으면 일상생활 하는 가운데도 지송해 나갈 수 있기는 하지만 말이다.

육자진언이나 광명진언을 지송할 때는 마음을 텅 비우고 그 진언의 한 자 한 자를 놓치지 않고 그 소리에 집중하면서 외운다. 그리고 그 소리의 파장을 온몸으로 느끼면서 지송하면 내면의 공명도 커진다. 그렇게 주력 수행을 해 나가면서 보시하고 자비를 베풀며 마음을 잘 관리해 나간다면 진정 행복할 것이다.

8

다라니 암기법과
지송할 때의 자세

내용이 긴 다라니의 암기는 쉽지가 않다. 천수대비주나 능엄주 같은 긴 다라니를 어떻게 외울까 초보 수행자는 막막하다. 물론 다라니를 반드시 외워야 하는 것은 아니다. 몸에 지니고 다니면서 눈으로 보고 지송할 수도 있다. 그러나 외우지 않고 눈으로 보면서 읽게 되면 언제 어디서나 다라니에 몰입하기 어렵다. 또한 다라니를 살펴서 읽는 사이에 자꾸 다른 생각이 떠올라 다라니에 집중하기도 쉽지 않다. 따라서 다라니를 지송하는 가장 좋은 방법은 다라니를 내 몸의 일부분으로 만드는 것이다. 다라니를 암기해 내 것으로 삼는 것이다.

육자진언이나 광명진언과 같이 다라니의 길이가 짧은 것이라면 암기하는 데 별 문제는 없다. 하지만 천수대비주나 능엄주같이 분량이 많은 경우는 상황이 다르다. 특히 능엄주는 산스크리트어 발음을 그대로 한글로 음역해 놓았으므로 발음도 힘들고 암기하기란 더 어렵다. 무작정 반복해서 외울 수도 있다. 그러나 그렇게 하면 너무 힘들고 기간도 오래 걸린다. 특히 능엄주는 발음이 어려워 외우다 보면 이가 시리고 들뜨며 아파오기까지 한다.

난생 처음 능엄주를 읽을 때는 30분까지도 걸린다. 발음하기 어렵기 때문이고 지금까지 보지 못했던 생소한 단어들이기 때문에 더욱 그렇다. 그래도 하루하루 정성을 다하여 지송하다 보면 읽는 시간이 단축되어 보통 10분 내로 줄어들게 된다. 그러나 속독에서 암기의 단계로 가는 것 역시 쉽지 않다. 이 때문에 능엄주의 초보 수행자들은 별도의 수첩을 마련해 일정 부분 적어가면서 매일매일 하루의 목표를 세워 조금씩 외워나가기도 한다.

능엄주를 외우기 위해 많이 읽건 적게 읽건, 중요한 것은 맑은 정신과 깨어 있는 마음으로 집중적으로 외워야하며 마음을 내려놓아야 한다는 점이다. 그래야 효과가 있다. 이는 비단 능엄주뿐만이 아니라 어느 주력이든 마찬가지다.

다라니를 완전히 암기하면 즉시즉시 다라니의 소리에 쉽게 집중할 수 있다. 외우지 못한 상태에서는 다라니의 글자에 매여 글을 쫓아가기 바쁘고 어수선하다. 그러나 암기했더라도 입으로 속사포처럼 지송할 수도 있지만 여기서 한 발 더 나아가야 한다. 호흡과 마음, 소리 등을 고려하여 조화롭게 진행되어야 한다. 능엄주의 달인은 2분도 안 걸려 다 지송을 마친다. 그렇지만 한 자 한 자 놓치지 않고 능엄주가 완전히 돌아간다.

어떤 다라니든, 능엄주든, 천수주든, 육자진언이든, 장소와 때에 따라서 소리를 내어 지송하기도, 소리를 내지 않고 마음속으로 지송하기도 한다. 어떤 경우라도 그 마음을 집중하며 깨어 있어야 한다. 정확히 다라니 소리를 역력하게 들으면서 집중해야 하고, 한 자 한 자 정확히 발음해야 한다. 다라니를 외울 때도 한 자 한 자 떠올려가며 지송하면 집중이 쉽다. 이때 다라니에 집중하면서 다른 데로 마음이 분산되지 않게 신경을 곤두세워 머리 위쪽이나 이마 쪽에 긴장을 하고 힘을 주게 되면 기가 머리 위로 솟구쳐 상기될 우려가 있다. 따라서 다라니에 집중하되 긴장을 풀고 그 마음을 단전이나 그 주변으로 내려놓아야 한다. 그리고 다라니를 지송할 때 망상이 들어오면 곧바로 알아차리고 다시 다라니에 집중한다. 이렇게 해서 다라니 소리에 집중해 자신을 잊는 몰아의 상태에 몰입하게 되고, 이윽고 삼매에 들어 무념에 이르게 된다.

그렇다면 다라니를 지송할 때 어떤 자세를 취하는 것이 안정적일까? 여기에는 수행자들마다 서로 견해가 다를 수 있으며, 주력의 종류에 따라 달라지기도 한다.

허리를 곧게 편 채 가부좌하고 합장한 상태에서 다라니를 지송하는 것이 가장 보편적인 자세다. 이때 다라니의 암송 횟수를 세기 위해 염주를 들기도 한다. 가부좌가 불가능할 경우, 그리고 차를 타고 가거나 사무실이나 가정의 책상에 머물 때는 단정히 의자에 앉아서 지송한다.

생활수행으로 가는 길

1...

자유롭고 평온하게 사는 길

사람들은 행복해지고 싶어 한다. 나를 얽어매는 족쇄로부터 해방되고 싶고, 고통에서 벗어나 마음이 평온해지기를 원한다. 수행은 나를 괴롭히고 힘들게 하는 것으로부터 해방시켜 행복과 평화로움을 맛보게 한다.

자, 그러면 우리는 왜 불안 초조하고 답답하며 억눌려 있는가? 그것은 지나친 집착으로 인한 마음의 경직과 쏠림 탓이다. 집착 없이 살기란 불가능할지 모르지만 지나치니 문제다. 사랑하는 연인이라든가, 어떤 일에 과도하게 집착해 있다 보면, 사람의 근육이나 정신이 굳어지면서 모든 신경이 그곳으로 쏠리게 마련이다.

어머니들은 자식들에 대한 지나친 집착 때문에 걱정이 많고, 직장인은 일에 대한 지나친 집착 때문에 스트레스를 받는다. 그리고 연인들은 상대방에 대한 불필요한 의심과 집착으로 가슴앓이를 한다.

어느 보살님은 아들 때문에 걱정이 많다. 고등학교에 다니고 있는 외동아들 때문이다. 너무나 애지중지 키워온 자식인데 학교 다녀오면 말도 없고 무슨 일을 시켜도 듣지 않고 짜증만 낸다. 하루는 아들에게 한 차례 언성을 높였다.

"너는 왜 모든 게 그 모양이니. 그러니 하는 일이 다 뒤떨어지지 않느냐."

그 말을 듣고 아들은 밥도 안 먹은 채 가방을 집어 들고 문을 쾅 닫고 나갔다. 매사가 이런 식이었다.

어머니의 마음에 괘씸한 생각이 치받고 올라온다. 모든 사랑을 다 주었는데 왜 저럴까? 내가 왜 그렇게 심한 말을 했을까? 혹시라도 아들이 엉뚱한 짓은 하지 않을까? 이렇게 하루 종일 아들 생각이 떠나지 않는다.

그러다 보니 일상생활에 깨어 있지 못하고 그로 인한 수다한 잡념이 빙빙 머리를 돌뿐이다. 설거지도 건성 건성이며 집안 일 하는데 능률도 오르지 않으며 초조 불안하다.

아들이 자신의 손아귀에서 벗어나려고 하는 것 같아서 심한 배반감도 느낀다. 그러면 그럴수록 자신도 모르게 자주 화를 내면서 괴로워한다.

사랑하는 연인의 경우 이보다 더 심할 것이다. 상대방에 대한 지나친 집착으로 대상을 믿지 못할 때는 의심이 극에 달해 사소한 잘못도 용납하지 않고 끝내는 파국으로 종지부를 찍는다.

왜 집착하는가? 그것은 욕망 때문이다. 어느 한 대상을 내 소유물로 삼고자 하는 갈망 때문에 연인에, 자식에, 돈에, 부귀에, 명예에 정신없이 집착하는 것이다.

사람들은 왜 그렇게 집착과 욕망에 속절없이 지배당하고 마는가? 거기에는 '나'에 대한 강한 욕구가 서려 있기 때문이다. 나 중심적인 사고와 행동 때문에 자신의 본분을 망각하고 욕망의 불이 활활 타오른다. 그래서 상대방이 나의 기대를 저버리면 배반감과 질투심이 치밀어오른다.

또한 우리는 이러한 집착과 욕망 때문에 나 자신을 드러내고 싶어서, 우쭐하고 싶어서 거짓말을 하고, 모르는 것도 아는 체를 하며, 잘난 체를 한다. 현실에 깨어 있으려면 집착과 욕망을 버려야 한다. 그것들을 버리려면 자기를 비우는 무아로 돌아가야 한다. 나를 버리면 된다. 나를 버리고 쉬면 천만 가지 짐으로부터 벗어나기 마련이다. 그것은 무심한 마음, 공한 마음이다. 공의 마음은 고요한 마음이다. 평온한 마음이다. 부처님의 마음이다.

공의 자리에 섰을 때, 우리는 모든 것을 있는 그대로 바라보며 행복해하고 평화로움에 잠긴다. 그 자리에 서면 지저귀는 새소리, 흘러가는 흰구름 속에서 부처님을 보게 된다. 그런 자리로 돌아가기 위해서 우리는 수행을 한다.

그렇다면 자신을 비우고 어떻게 공의 자리에 설 수 있는가? 그 한 가지 방법은 자신을 허공처럼 키우면 된다. 나의 마음을 허공처럼 확산시키는 것이다. 넓고 크게 바라보는 것이다. 그 간단한 방법으로 좌선한 상태에서 깊게 호흡하면서 날숨에 나를 허공 속에 놓아 보라. 나를 허공으로 확장하는 것이다. 거듭거듭 그렇게 놓아 보는 것이다. 그렇게 허공 속을 둥둥 떠가는 것이다. 비단 이것뿐만 아니다. 불교의 갖가지 수행법은 이러한 공을 체험하기 위한 수행인 것이다.

2

헐떡이는 마음을 쉬고
자신의 발밑을 보라

희대의 살인마 앙굴리마라는 걸어가는 부처님께 걸음을 멈추라고 한다. 그런데 오히려 부처님은 나는 서 있지만, 멈추지 않는 것은 그대라고 답한다. 나는 걸어가고 있지만 마음이 호수처럼 멈추어 고요하고 앙굴리마라 그대는 빼앗으려는 마음, 죽이려는 마음으로 헐떡이고 있다는 것이다.

비단 앙굴리마라뿐이겠는가? 우리는 일상에 늘 마음이 조급하게 움직이며 헐떡이고 있지 않은가? 좋아하고 미워하는 마음에, 사랑하고 증오하는 마음에, 원통하고 억울한 마음에, 올라오는 급한 생각에 늘 헐떡거리며 쫓기고 있지 않은가? 그러면서 하루하루 업의 놀음에 놀아나고 두터운 업장을 쌓아가고 있지 않은가? 얼굴에는 수심이 가득 차고 잔주름이 늘어나지 않는가?

헐떡이는 마음을 멈추려면 가던 발걸음을 멈추고 자신의 발 밑을 들여다보아야 한다. 그렇게 자신의 내면을 바라보는 관조의 눈을 기르는 것이 수행이다. 가정에서 부부끼리의 다툼도, 직장에서 상사나 동료와의 갈등도 이 헐떡이는 마음을 다스리지 못하기 때문에 생긴다. 급하게 올라오는 마음에 아내에게 혹은 남편에게 툭 던진 한 마디 "당신은 왜 매사가 그 모양이야?" "애들이 누굴 닮았겠어?" "자기네 집안은 왜 하나같이 그 모양이야?" 이런 말들 때문에 우리는 얼마나 가슴아파하고 억울해 하는가?

그것도 가까운 사람으로부터 이런 말을 들었을 때 속이 뒤집어지는 것은 사실이다. 그리고 아무리 사소한 말이라 할지라도 무언가 감정이 들어 있는 말, 아끼는 척하지만 자기 중심적인 말 또한 상대방을 실망시키고 때로는 좌절시킨다. 어느 수필제목처럼 꽃으로도 때리지 말라고 했거늘 얼마나 우리는 말로, 행동으로, 마음으로 가슴에 피멍들도록 서로 때리고 사는가? 그리고 그렇게 싸우는 모습을 보고 주변의 가족들은 얼마나 마음을 졸이면서 마음의 상처를 받는가?

따라서 우리는 화가 나는 순간, 헐떡이는 순간일수록 급한 마음을 멈추고 자신을 돌아봐야 한다. 그렇게 마음을 쉬어 주어야 갈등이나 번뇌, 화(火)를 잠재울 수 있다.

깊숙이 내면을 바라볼 때 자신 속에 간직된 부처님 성품인 불성의 바다에 잠긴다. 그곳은 가을하늘처럼 청정하여 장애가 없으며, 푸른 바다처럼 깊고 넓으며, 맑은 호수처럼 잔잔하고 고요하다. 거기에선 모든 것을 있는 그대로 받아들이기에 다툼과 갈등이란 없다. 항상 황홀한 떨림이 있을 뿐이다. 그러니 상큼한 감흥이 솟아오르며 새하얀 미소가 퍼진다.

나아가 오락가락하는 생각의 작용을 정지하면 그 고요한 자리에선 긴장이 이완되고 억압된 마음이 풀리기 때문에 심신이 편안하고 부드럽다. 호흡이 길어지고 규칙적으로 이어져 심신이 조화롭고 걸리는 부분이 없다. 그러니 육체적으로도 건강해 질 수밖에 없다.

수행은 바로 이렇게 우리를 살맛나게 해 준다. 다툼 없는 고요한 시간이 매 순간 이어지면 그것은 정말 지고의 깨달음이지만, 생활 속의 수행으로 잠시라도 이러한 순간을 만나면 마음이 한없이 평화로워진다.

　힘들고 외롭거나 화가 치밀어오를 때, 현재 깨어 있지 못하고 망상이 찾아들 때, 단정히 앉아서 호흡을 가지런히 하고 자신의 내면을 바라보라. 답답하고 허전할 때 들판을 거닐며 바람에 가볍게 떨리는 들꽃을 보라. 푸른 하늘에 떠가는 흰구름을 보라. 바라보되 그 생명의 흐름을 내 몸과 마음 전체로 깊이 느끼시라. 그 호수 같은 마음엔 헐떡거림이 잠자고 모든 것이 다툼 없이 들어와 아름다운 꽃밭을 이룰 것이다.

3

마음의 용광로에 자신을 놓아라

실수를 저지른 일이 있다. 널리 알려져 있는 구절의 전거를 터무니없이 다른 데서 든 것이었다. 나는 당연히 그 구절과 그 구절이 나오는 책을 너무 잘 알고 있으므로 잘 처리되었으리라 여기고 무심코 지나쳤다. 그런데 막상 활자화된 이후 그 구절을 다시 보니 인용된 책 제목이 전혀 엉뚱하게 처리되어 있지 않은가? 그것을 보는 순간 머리가 확확 달아오르고 마음은 천근만근이었다.

그런데 더 큰 문제는 '왜 나는 이 모양일까?' '그것을 본 사람들이 얼마나 실소를 자아내면서 그 무식에 혀를 찼을까' 하는 생각 등이 꼬리에 꼬리를 물면서 계속 나 자신을 학대하는 것이었다. 누가 물어오는 말에도 충실히 답하지 않으니 상대방 시선도 곱지 않고 계속 하루 일이 꼬여만 가는 것이었다. 그렇게 연거푸 자신에게 화살을 쏘아대니 화는 화대로 나고 하루 종일 엉망 그 자체였다.

이렇게 우리는 부처님 같은 성자가 아니라면 두 번째, 세 번째 화살을 계속 맞는다. 사실 범부와 부처님의 차이를 든다면 두 번째 화살을 맞느냐, 맞지 않느냐에 달려 있다고 해도 과언은 아니다. 누구나 첫 번째 화살을 맞는다. 그건 피할 수가 없다. 그러나 두 번째부터가 문제다. 이와 관련하여 《잡아함경》의 부처님 말씀을 요약해 보겠다.

"어리석은 이는 어떤 대상을 접하고 거기에 대하여 괴롭고, 즐겁고, 괴롭지도 즐겁지도 않다는 느낌을 갖는다. 그 다음 그것에 대해 근심하고 슬퍼하고 눈물 흘리며 원망하고 울부짖는다. 그러나 지혜로운 이는 어떤 느낌을 갖더라도 근심, 슬픔, 원망, 울부짖음 같은 증세를 보이지 않는다. 그것은 괴롭고, 즐겁고 하는 그런 느낌에 더 이상 집착하지 않고 얽매이지 않기 때문이다. 비유하자면 어떤 사람이 첫 번째 화살은 맞으나 두 번째 화살은 맞지 않는 것과 같다."

사람들은 누구나 어떤 문제 상황에 접하며 살아간다. 부처님이나 수행자도 마찬가지다. 누구나 주변의 가족이나 친한 사람 중 죽는 이가 있기 마련이며 죽으면 슬픈 느낌이 드는 것은 당연하다. 이러한 첫 번째 화살은 누구나 살면서 경험하기 때문에 피할 수 없다.

그러나 두 번째 화살부터 문제다. 대부분 사람들은 그 상황에 집착하면서 자신에게 마구 두 번째, 세 번째 화살을 쏘아댄다. 자기 자신을 무지무지 학대하면서 못살게 군다. 이것이 심각해지면 우울증으로 번지고 심한 경우에는 자살까지 몰고 간다.

그래서 우리는 수행을 통해 두 번째 화살을 맞지 않도록 해야 한다. 불필요한 망상 때문에 자기를 탓하고 자기를 학대하게 되면 이것은 두 번째 화살을 자기 가슴에 꽂는 격이다. 첫 번째 화살은 웬만하면 참을 수 있다. 아무리 참기 어려운 고통도 잊혀지기 마련이다. 그러나 그 상황에 집착하여 계속 자기를 못살게 굴고 학대하면 그것이 두 번째 화살이 되어 내 마음에 치명상을 남긴다.

이럴 때는 자신을 살살 달래주고 쓰다듬어 주어야 한다. 그렇게 하지 않으면 억제할 수 없는 슬픈 감정이 분출한다.

그 해결책은 그 문제된 상황을 피하지 않고 수용하며 자신의 마음자리에 놓는다. 자신의 마음자리에 놓는 즉시 문제는 사라진다. 머리에서 올라오는 상념들에 이끌려 자신을 괴롭히지 말고 그것들을 쑥쑥 단전 부위로 내려 놓아 보라. 긴장을 풀고 근육의 힘들을 다 빼고 그렇게 모든 생각들을 계속 내려놓는다. 마음은 그 무엇에도 물들지 않고 모든 것을 녹여내는 용광로와 같다. 그렇게 하여 완전 연소시키는 것이다.

또 다른 방법은 그렇게 문제된 상황을 마음자리에 넣고 다시 그런 감정이 올라오면 올라오는 대로 알아차리거나 거기다 대고 염불을 하거나 화두를 들라. 그러면 사라진다. 이렇게 해서 집착과 감정이 정리되면 내가 그 다음 어디로 가야할지 길이 보인다. 길이 보이면 그곳으로 가면 된다.

4

활쏘기와 마음 비우기

    올림픽 메달박스로 알려진 양궁경기를 텔레비전으로 지켜 본 일이 있다. 상대편과 활쏘기를 하는 우리나라 여자 궁사들이 한 발 한 발 쏠 때마다 탄성과 아쉬움이 이어진다. 나 자신도 우리편 궁사의 활 쏘는 모습을 보며 침이 바싹바싹 말라온다. 상황은 백중세다. 다행히도 상대편의 실수로 이제 우리편이 한 발만 잘 쏘면 이길 수 있는 순간이다. 그때 해설자가 한 마디가 한다. "자, 이제 ○○○ 선수는 마음을 비워야 합니다. 내가 잘 쏴야겠지 하면서 마음을 일으키는 순간 흔들립니다. 자연스럽게 마음을 비우고 당겨야 합니다."

왜 해설자가 이런 말을 할까? 그것은 '내가 잘 쏘아서 정중앙을 맞혀야겠지' 하며 욕심이 일어나는 순간, 어깨에 힘이 들어가게 되고, 그러다 보면 신체의 균형을 잃고 화살이 크게 빗나가기 때문이다.

비단 이런 일은 활쏘기에만 적용되지 않는다. 우리가 수행하는 것도 흡사 활쏘기와 비슷하다. 직장인이든 주부든, 예술가이든 누구든 자기가 하는 분야에 전문가가 되려면 활을 쏠 때처럼 마음을 비운 무심한 경지에 이르렀을 때, 마음에 걸림이 없고, 마음에 걸림이 없는 그 순간 가장 아름답고 멋있는 일이 펼쳐지기 마련이다.

무심이란 '나' 라는 생각, '나' 라는 의식이 사라진 것이다. '내가 누군데' 하는 자아의식의 전혀 없는 것이다. 이와 관련하여 황벽선사는 무심이란 한 생각이 일어나지 않는 것이라 했다. 즉 생각의 작용이 일어나지 않는 것이 무심이라는 얘기다. 생각이 일어난다는 것은 '나' 라는 의식이 개입되어 취사분별하는 작용이 생겨 굳어진다는 것이다. 이러한 생각이 일어나면 경계에 걸리기 마련이다.

'나' 라는 생각이 없어지면 마음이 부드러워지고 어디에 부딪치지 않는다. 그것은 어깨에 힘이 빠진 상태와 같다.

몸에 힘이 들어가면 근육이 긴장되어서 최소한의 효과밖에 내지 못하고 지치기 마련이다. 내가 조작적으로 무엇을 해 야지 하면서 의도나 생각이 들어가면, 어깨에 힘이 들어간 다. 그러면 평정이 깨진다.

그러나 무심이 되면, 마음이 매이는 곳이 없고 마음이 매이지 않으면 마음이 자유롭고 몸이 자유롭고 유연해져 공을 차거나 골프를 칠 때도 제대로 맞고 엄청난 스피드를 낸다. 몸이 자유로워지면 눈이 밝아지고 엄청난 스피드가 나기 때문이다. 아울러 몸이 유연하고 부드러워지면 신체 또한 조화롭다.

게다가 무심해지면 굉장한 집중력이 생겨 마음이 흔들 리지 않고 마음이 흔들리지 않으니 화살을 잡아당길 때도 미동이 없다. 그러니 거의 과녁의 정중앙에 꽂히기 마련이 다. 이렇게 몸과 마음이 무심한 상태에서 움직일 때 그 순 간의 힘은 최고조다.

그리고 마음을 비우면, 자신을 잊기 때문에 정형화된 틀 이 깨어지면서 새로운 것들이 창조되기도 한다. 정형화된 음악과 춤이 끝나는 자리에서 창조적 음악이, 창조적인 춤 이 분출하듯이 말이다. 그것은 무심의 한 가운데서 묘한 생명력이, 창조력이 꿈틀대기 때문이다.

그러나 처음부터 무심이 되지 않는다. 처음에 차근차근 기초부터 동작을 배워야 한다. 훈련을 하고 수행을 해야 한다. 부지런히 활 쏘는 연습을 해 나가다 보면 활과 나와 화살이 한몸이 되는 순간이 오기 마련이다. 그럴 때 화살은 과녁의 정 중앙에 정확히 꽂힌다. 무심의 경지에 다다르게 되는 것이다.

5

두려움의 원인과 거기에서 벗어나는 길

늦은 밤, 아무런 인적도 없는 산길을 걸어본 적이 있을 것이다. 갑자기 바람이 휙 지나가면 오싹한 느낌이 든다. 길을 계속 가다가 저 멀리서 나뭇가지에 하얀 물체가 움직이는 것이 보인다. 마치 하얀 소복을 한 귀신이 따라오는 것 같은 느낌이 든다. 모골이 송연해지면 몸에서는 식은땀이 흐르고 혼비백산 지경이다.

비단 이러한 것만이 두려움과 공포의 전부가 아니다. 대부분 사람들은 힘든 일이나 어려움에 직면해서 내가 그 일을 해낼 수 있을까하는 두려움에 몸을 움츠린다. 어떤 문제를 해결하기 위해서 사람을 만나야 하는데 그 사람을 만나기도 전에 두려워하며 피하려고 한다. 그 분이 무섭다든지, 그 분이 내 이야기를 들어주지 않으면 어쩌나 하는 생각에 얼굴에는 긴장이 가득하고 자신감이 없어지고 위축된다. 그러다 보면 일의 추진이 더디고 일을 그르치거나 어렵게 만든다.

그렇다면 과연 이러한 두려움은 왜 발생하는가? 과연 두려움의 정체는 있는가? 그리고 이러한 두려움을 수행으로 어떻게 극복할 수 있을 것인가?

사실 어떤 두려움도 실체는 없는 것이다. 그렇다면 두려움은 어디서 오는가? 그것은 과거에 대한 기억의 흔적과 미래에 대한 불확실한 생각과 망상, 지나친 억측과 근심 때문에 생긴다. 그리고 그 이면에는 역시 '나'가 자리잡고 있다.

이러한 생각에 쌓여 있으면 오히려 그 생각이 없던 두려움을 일부러 만들어 그것을 실체시하여 마치 그것이 우리를 옥죄고 옭아매는 것처럼 생각한다. 생각이 나를 만들고 세상을 만드는 법이다. 두려운 생각에 얽매어 있으면 그것이 사실처럼 전개되는 법이다.

그러나 어떤 것이든 헛것이고 스쳐 지나가는 것이며 텅 비어 아무 것도 없다. 그래서 《반야심경》에서 그토록 강조하여 말하지 않는가? 무유공포! 공포는 결단코 없다고…….

그렇다면 어떻게 하면 두려움과 공포에서 벗어날 수 있을까? 위빠사나 수행에서는 그 두려움을 피하려 하지 말고 알아차리라고 한다. 그 두려움을 어루만져 주고 그것이 어디서 오는지 그 느낌에 정확히 깨어 있으라 한다. 그러다 보면 그 두려운 느낌은 이윽고 무상 속으로 사라지며, 그 속에 잠들고 있는 참된 평화의 바다와 만나기 마련이다.

또 하나의 방법은 두려운 마음에 내가 지배되지 않고 곧바로 그 마음을 움직이는 근본 속으로 들어가는 것이다. 그 두려움이 올라오는 생각의 뿌리를 말끔히 비워내는 것이다. 즉 두려움이 올 때 바로 그 생각의 자리에다가 온몸과 마음을 기울여 염불이나 주력에 집중하거나 화두를 드는 것이다.

특히 화두는 모든 생각의 자취를 끊어내기 때문에 그 자리에서 바로 마음 깊은 곳으로 들어간다. 내 마음의 주인공 자리로 직접 들어가기 때문에 거기에 망상이 자리잡을 틈이 없다. 이렇게 마음이 굳건히 섰을 때, 나를 가로막았던 경계가 사라지고 모든 것이 나이게 된다. 전체가 나인데 무엇을 두려워하랴? 내가 내 스스로를 가로막은 경계와 장벽만 치우면 모든 것이 고요한 상태요 평화로운 경지다.

그런 적정한 마음으로 사태에 직면하고 사람을 대하면 절대로 두려움으로 위축되지 않는다. 자, 그렇다면 홀로 가는 밤길에 스치는 바람도, 따뜻한 바람으로 느낄 수 있으며 휘날리는 하얀 천 쪼가리도 근처에 인가가 있다는 것을 표시하는 이정표로 느낄 수 있다. 두렵고 어렵던 일도 그저 넘어가는 산에 불과하다. 산은 넘어가면 될 뿐이다.

6

외로움과 분노 다스리기

미국에서 수십 명의 목숨을 앗아가며 세상을 경악케 한 버지니아공대 총격사건을 기억할 것이다. 그 사건을 일으킨 장본인 A씨는 물질만능, 쾌락, 탐욕 등에 물들어 있는 세상에 대한 분노로 가득했으며, 그러한 분노를 해소할 수 없는 외로움 또한 강했다.

A씨의 절규는 쾌락과 방탕, 끝없는 소유와 욕심으로 치닫고 있는 현대 자본주의사회의 아픈 일면을 고발하고 있지만, 그러한 분노를 자비와 수용으로 녹여내지 못한 깊은 그의 슬픔과 외로움이 우리를 더욱 안타깝게 한다.

우리는 내 생각과 어긋나고, 내 욕구와 반하는 상황과

접하면 그것을 참지 못하고 화를 낸다. 내 마음에 상처를 받거나 고통스러울 때 분노가 치밀어오른다. 아마 우리 사회의 많은 사람들도 주변 사람들이 흥청망청 돈을 써대고 좋은 아파트와 최고의 값진 차를 몰고다니는 것을 보고 그렇게 살지 못하는 나 자신의 초라함을 느끼면서 그들에 대한 분노가 일어나지 않는다고 장담할 수 없을 것이다. 나 자신을 비롯한 모든 사람들의 마음속에는 사실 이러한 분노의 감정이 있다. 다만 각자 처한 상황과 해소 방법이 조금씩 다를 뿐이다. A씨는 그 해소 방법으로 불특정 다수에 대한 대량 살상이라는 극단적인 선택을 했을 뿐이다.

비단 A씨 뿐만은 아니다. 우리와 이웃인 일본 사회에서도 자신과는 아무런 관련도 없는 사람을 살해하는 사건이 종종 일어난다고 한다. 그것은 누구와 특별히 원한을 산 이유가 없지만 극단적인 소외와 분노, 그리고 그것을 일으킨 사회에 대한 분노가 공업으로 되어 아무런 연고도 없는 사람을 향해 무자비한 살상이 전개되는 것이다.

사실 정신수양이 어느 정도 되었거나 깨달은 사람 외에는 분노가 치미는 것을 제어하기 힘들다. 육바라밀 중 하나인 인욕을 실천하기가 그렇게 힘들기도 한 것이다. 그리고 분노를 해소하지 않고 마음속에 간직하고 있으면 그것이 화병(火病)으로 도져 언젠가는 더 크게 폭발하기 마련이다. A씨도 그러한 분노를 충분히 녹여내지 못하고 외로움 속에서 혼자서 껴안고 있다가 견딜 수가 없어 그런 극단적인 상황을 선택한 것이다.

따라서 분노가 나면 그것을 수행을 통해 충분히 녹여내야 한다. 그 분노를 마음속에 억누르면 절대로 안 된다. 참다운 인욕은 깊이 이해하고 받아들이는 것이다. 사실 분노가 인다는 것은 그러한 분노를 내게 하는 상황과 분노하는 마음작용이 일어났을 뿐이다. 거기에 어떤 '분노' 라는 놈의 실체가 따로 있는 것은 절대 아니다. 다만 우리는 그러한 분노를 일게 한 상황이나 그 분노하는 놈이 진짜로 있다고 여겨서 거기에 매몰되어 헤어나지 못할 뿐이다.

그러므로 분노가 일 경우에는 그 분노하는 마음을 깊은 바다와 같은 마음에, 허공과 같은 마음에 집어넣어 완전히 용해시켜 버리거나 해탈시키는 것이 최상의 방책이다. '나무아미타불' 이나 '관세음보살' 하고 깊게 불보살님을 염하면서 그 분노하는 마음을 허공 속에 날려버릴 수도 있고, "이뭣고?" 하고 화두를 깊이 들면서 그 분노를 화두로 녹여 버릴 수도 있다. 분노를 녹이는 경전 구절을 마음 속 깊이 수차례 암송하는 것도 그 좋은 방법이다.

외로움도 사실은 스스로 마음을 닫기 때문에 생긴다. 세상에 나 혼자 뿐이며 그 누구도 나의 슬픔과 같이 할 수 없다는 극단적인 생각이 자꾸만 자신을 구석으로 몰고간다. 그러나 우리는 깊은 바다 속에서, 부처님의 광명 속에서 순수한 빛으로 서로 만난다. 우리가 수행을 통해 그 깊은 바다 속으로 들어가면 우리는 모두 하나라는 것을 느낄 것이다. 그러한 바다와 같은 깊은 마음으로, 부처님의 마음으로 고통받고 있는 주변 사람들과 마음을 열고 나누는 것이 진정한 생활 속의 수행이요 나눔이다. 거기에 어떤 외로움이 발붙이겠는가?

7

참회와 용서를 통한 화해와 마음의 평화

사람들은 무명업식에 이끌려 잘못과 허물을 짓는다. 남에게 상처를 주기도 하고 상처를 받기도 하면서 아픈 몸을 이끌고 비틀거리며 살아간다. 판단착오로 인한 실수든, 목전의 욕심에 어두워 우발적으로 거짓을 범하든, 계획된 의도로 잘못된 행위를 하든 그런 것들이 결국은 상대방을 아프게 하고 그 과보로 나 자신 또한 괴로움과 아픔으로 신음하기 마련이다. 그래서 그것이 마음속을 지배하여 한없는 나락으로 떨어지게 만든다. 사실 지옥이 따로 없다. 끝없는 추락을 의미하는 나락이 바로 지옥이다.

나 자신의 잘못과 허물로 인한 번민과 아픔이 마음을 옥죄어 오면 무슨 일을 하더라도 깨어 있지 못하고 불안을 느끼게 된다. 따라서 우리는 허물과 과오, 죄업을 씻어내야만 맑은 정신으로 살 수 있다. 허물을 덮어두는 것과 허물을 참회하고 그 죄를 씻는 것과는 천지 차이가 있다. 허물을 덮어두게 되면, 계속 그 허물이 따라와 자기를 괴롭히지만, 참회를 하면 마음바탕이 깨끗해진다.

참회란 자신의 죄와 잘못을 뉘우치고 다시는 그러한 과오를 범하지 않겠다는 굳센 맹세요 각오다. 그래서《천수경》에서는 말한다. "죄의 본성은 없다. 마음 따라 일어났을 뿐이다." 참회를 통해 마음을 쉬면 죄 지은 마음과 그 흔적은 깨끗이 사라진다. 이와 동시에 내가 잘못을 저지른 상대방에게 참회하고 용서를 구해야 한다. 참회를 함으로써 나를 짓누르던 무거운 바위가 뚝 떨어져나가기 때문에 마음이 가벼워지고 새로운 샘물이 솟아오른다.

따라서 참회란 생활 속에서는 물론 수행을 하기에 앞서 반드시 이루어져야 한다. 수행할 때 참회가 동반되지 않으면 화두를 들든, 염불을 하든 그 지은 업이 떠올라 수행을 방해하기 때문이다. 참회를 통해 우리는 번뇌망상에 시달리지 않고 깨끗한 마음으로, 한결같은 마음으로 수행에 매진할 수 있는 것이다. 그렇기 때문에 참회만을 별도로 떼어내어 절을 하면서 108참회를 하든가 그 밖에 다양한 참회 수행을 진행하기도 한다.

또한 우리는 참회와 더불어 용서하는 마음을 지녀야 한다. 원망·증오·질투·미움·서러움 등 맺히고 응어리진 감정을 한으로 가슴속에 묻어두고 있으면 불행한 일이 끌려온다. 따라서 쌍방이 진실로 참회하고 용서할 때 서로 간에 진정한 화해가 싹트고 평화로움이 형성된다. 설혹 상대방이 참회하지 않더라도 오히려 이쪽에서 용서하는 마음을 통해 그 사람의 참회를 얻어낼 수가 있다. 그리고 용서하는 마음 역시 상대방에 대한 증오나 미움을 없앴을 때 가능하다. 사실 증오니 미움이니 하지만 그것 역시 뚜렷한 실체가 없는 것이요, 원인 없는 결과 또한 없다.

예전에 자신에게 상처를 준 사람에게 진심으로 용서하는 마음을 내며 수행하고 마음 깊이 들어갔더니 아주 멀리 떨어져 있는 당사자가 어떻게 마음이 통했는지 참회의 글을 올렸다는 얘기도 있듯이 진실로 참회하고 용서할 때 우리는 밝은 한 마음이 된다. 평화로운 한 마음이 된다.

8...

무거운 마음 내려놓기

우리들은 살아가면서 마음에 무엇인가 맺혀 걸어가는 발걸음이 천근만근인 경우가 많다. 무엇을 하더라도 그 생각이 마음을 떠나지 않아 일에 집중할 수 없고 좌불안석이다. 그래서 선가에서는 말한다. "방하착(放下着) 하라!" 들고 있는 무거운 마음을 내려놓으라는 것이다.

당나라 선신(善信)스님이라는 분이 계셨다. 이 스님은 치열한 수행 끝에 자신을 철저히 비웠노라고 여겼다. 마음을 완전히 내려놓았다는 것이다. 그래서 자신에겐 한 물건도 없이 텅 비웠다고 여겨 당대의 선지식 조주선사를 만나서 법거량을 나눈다. 선신스님이 조주선사에게 묻는다.

"한 물건도 가지고 오지 않았을 때는 어떠합니까?"

"내려놓게(放下着)."

"이미 한 물건도 가지고 오지 않았는데 무엇을 내려놓습니까?"

"내려놓을 수 없으면 들고 있게."

조주선사의 한 마디 말에 선신스님은 그 자리에서 크게 깨닫는다. 《오등회원》에 나오는 이 일화는 '내려놓다' 는 생각조차 철저히 비워져야 한다는 방하착의 정신을 보여준다. 선신스님은 수행을 열심히 해 나를 허공처럼 비웠다고 생각했으나 그 비웠다는 생각에서 벗어나지 못한 것이다.

이렇게 생각을 내려놓는 것, '나' 를 내려놓는 것은 너무 어렵다. 하지만 내려놓고 살지 않으면 우리 삶은 결코 행복하지 못하고 평화롭지 못하다. 너무 사랑하는 사람이 있기 때문에 죽음이 코앞까지 와도 죽지 못하겠노라고 하면서 한을 싸서 저 세상으로 가는 사람들이 많다. 나쁜 생각이나 감정 역시 털어 버려야 한다. 그렇지 않으면 영혼이 상처를 받는다. 그래서 놓으라는 것이다.

그러면 어떻게 놓는가? 그 첫 번째 방법은 마음을 돌려 먹는 일이다. 일단 나 자신을 설득해야 한다. 내가 원한이

나 분노, 또는 집착 덩어리로 가득 차 있으면 결국은 나만 더 아프고 병들기 마련이라는 것을 알아차려야 한다. 결국은 내 손해다. 아무리 상대방이 미워도, 아무리 상대방을 사랑해도 거기에 휩싸여 있는 한, 나는 그 고통에서 벗어나지 못한다. 그러므로 빨리 마음을 바꿔 그 상황을 깊이 이해하고 수용해야 한다.

둘째, 그렇게 마음으로 수용한다 해도 그것을 이치로는 이해했지만 가슴으로 와 닿지 않기 때문에 자꾸만 그 생각이 떠오른다. 이럴 때는 어떻게 하는가? 그럴 땐 그 올라오는 생각을 마음 한 가운데 놓아버린다. 마음은 허공과 같기에 그 생각을 넓은 마음의 바다 속에 놓고 맡기는 것이다. 마음을 무한히 확장하여 그 속에 생각을 놓아버리면 무거운 생각은 티끌이 되어 사라져 버린다.

사실 우리 인생도 영겁의 흐름 속에서 극히 짧은 찰나에 불과하고 내가 차지하는 삶의 영역도 거대한 우주 공간에 볼 때 먼지에 불과하다. 이 지구라는 땅덩어리도 은하계에서 바라보면 점처럼 보인다. 마음은 그렇게 우주만큼 넓으니 그렇게 마음을 허공같이 확장하여 그 속에 생각을 놓아버리는 것이다. 그렇게 무한 속에서, 공(空) 속에서 나를 바라보고 놓는 것이다.

셋째, 자신을 짓누르는 생각이 올라올 때, 그 올라오는 마음자리에 대고 염불을 하거나, 《금강경》 사구게 같은 경전 구절을 떠올리는 것이다. 예를 들어 "나무아미타불~" 하고 염불하면서 그 생각을 염불 속에 녹여서 해탈시키는 것이다.

넷째, 그 올라오는 생각에 화두를 드는 것이다. 화두는 모든 생각과 말의 자취를 끊어 버리는 작용을 한다. 따라서 화두를 들면 말길과 생각의 길이 끊어져 곧바로 무념무상의 부처님 자리에 접속된다. 모든 생각과 말의 자취가 종적도 찾을 수 없이 사라져 버리니 그저 적정한 상태에 머물 뿐이다. 이렇게 해서 무거운 마음을 내려놓아야 우리는 자유로울 수 있다.

9...
일상의 무거운 스트레스에서
벗어나기

우리나라 직장인의 50% 이상이 퇴근 후에도 업무 생각 때문에 스트레스를 받는다고 한다. 또한 통계에 따르면 우리나라 직장인이 겪는 스트레스는 95%로 세계 최고라고 한다. 이 땅의 직장인들이, 아니 대다수 사람들이 상황만 다를 뿐이지 불편한 사건으로 마음이 짓눌리기도 하고 상처를 받는다.

사실 살아가면서 조금이라도 걱정거리가 없는 직장인은 거의 없을 것이다. 오히려 그러한 걱정이 떠오르는 것은 당연하다. 그런 것들이 마음을 무겁게 짓누르고 있는데 어떻게 그것으로부터 자유로울 수 있겠는가? 다만 어떻게 그러한 마음을 슬기롭게 떨쳐내는가는 다른 문제다. 사실 혼자 고민하고 걱정한다고 해서 해결될 문제는 아니다. 일에 직면하고 있지 않은 상태에서 그런 걱정거리가 떠오르는 것은 사실 망상과 잡념에 불과하다.

그러한 망상으로부터 해방되지 못하면 걱정거리들이 시시각각 생멸을 거듭하면 내 마음에 업이 되어 쌓인다. 업이 되어 내 마음에 쌓이면 그것이 커다란 장애가 되어 나의 앞길을 툭툭 가로막으며 삶을 더욱 힘들게 한다.

이렇게 우리는 현실에 깨어 있지 못하고 과거의 올라오는 마음에만 붙들려 있으면, 거기에 집착하게 되어 스스로 미워하고 상대방에게 화내며 살아가기 마련이다. 그러다 보면 축생 같은 삶, 지옥 같은 삶이 전개된다. 사실 이것이 이 삶의 현장에서 벌어지는 윤회의 굴레이다. 윤회는 전생, 현생, 내생에 걸쳐서 이루어지는 것만이 아니라 현재 이 순간에도 내 마음 속으로 다가와 내 육신과 마음을 좀먹고 마구 흔들어댄다.

올라오는 생각에 지배되지 않고 가벼운 마음으로 살아가려면 마음을 무겁게 짓누르는 생각을 멈추어야 한다. 분하고 억울한 생각이나 걱정거리로 오락가락하는 머리를 비워내야 한다. 그런데 그 비운다는 것이 쉽지 않다. 그러나 비우지 않으면 악순환이 되풀이된다.

갑갑하고 억울한 마음이 올라올 때는 어디에서든 허리를 곧게 펴고 앉아 머리에서 모든 것을 내려놓고 어느 한 대상에 집중하는 것이 필요하다. 심장이나 단전에 집중할 수도 있다. 호흡에 마음을 집중하고 그 호흡의 움직임을 지속해서 바라보는 것도 생각을 멈추게 하는 좋은 방법이다. 호흡 속에서 불성의 움직임을 온몸으로 감지하면서 따스한 미소를 지어 보내면 마음이 참 편해진다.

이 자리에서 필자가 평소에 마음이 무거울 때 내려놓는 간편한 수행법 하나를 소개해 보련다. 가부좌를 하고 깊게 숨을 들이마시면서 부처님 생명이 내 육신으로 스며든다고 관한다. 날숨을 쉬면서 따뜻한 부처님의 숨결이 온몸으로 스며들며 슬픔 감정을 날려 보낸다. 그리고 입가에는 미소를 짓는다. 그리고 아플 때는 아픈 부위를 부처님의 숨결을 거듭 되풀이하면서 쬐어 아픈 부위를 녹인다. 그러면 병도 쾌차하는 법이다.

10

서원을 다지며 힘차게 살아가기

우리는 인생의 참다운 목표와 지향점을 가지고 살아야 한다. 그래서 내 삶이 끌려가는 삶이 아니라 창조적인 삶이 되어야 한다. 목표와 지향점이 없으면 조금만 바람이 불어와도 금방 좌절하며 엉뚱한 곳에서 헤매기 마련이다.

서원이란 삶의 굳은 맹세를 말한다. 잘 사는 삶, 성공하는 삶을 살기 위한 비장한 결심이다. 그것은 욕망에 따라 이끌려가는 것이 아니라 창조적인 삶을 개척해 나가는 것이다. 욕망과 과거에 이끌려가는 삶을 업생(業生)이라 한다. 반면 욕망을 자비와 생명창조의 에너지로 바꾸어 희망을 품고 진취적으로 사는 것을 원생(願生)이라 한다.

서원은 자기를 창조해 나간다. 자기를 무한히 향상시켜 나간다. 나아가 이러한 서원은 보편적 인류애에 바탕을 두기 때문에 상대방과 걸림이 없이 자유롭게 자기를 창조해 나간다.

인생은 마음먹기에 달렸다고 한다. 생각이 사람을 바꾼다. 생각이 나를 만든다. 원효스님은 "마음이 일어나자 갖가지 것들이 생겨나고(心生則種種法生), 마음이 사라지니 갖가지 것들이 사라진다(心滅則種種法滅)."는 이치를 터득하였다. 생각을 긍정적인 방향으로 이끌고 그런 바탕에서 마음에 그리면 그리는 대로 이루어진다. 요즘 들어 환자들을 치유하는 데 마음수행을 많이 활용하고 있다. 암 같은 불치병에 걸린 사람도 긍정적으로 생각하고 반드시 쾌차하리라는 확신 하에 밝은 마음을 계속 심어준 결과 병이 나았다는 사례도 임상을 거쳐 밝혀지고 있다. 《화엄경》에 다음과 같은 유명한 구절이 있다.

마음은 마치 뛰어난 화가와 같아서 갖가지 사물을 그려낸다.
일체 세계의 모든 존재는 다 이와 같이 이루어졌다.

이것을 유심게(唯心偈)라고 한다. 모든 것은 마음이 지었다는 마음의 노래다. 일체유심조(一切唯心造)다. 모든 삼라만상은 오직 마음이 만들었다는 것이다. 마음이 슬픈 모습을 하고 불편한 생각을 하면 세상도 슬프고 불행하게 전개된다. 반면 마음이 기쁜 모습을 하고 행복한 생각을 하면 나와 세상도 기쁘고 밝아진다.

따라서 수행하는 사람들은 마음속에 희망찬 서원을 세우고 하루하루를 힘차게 잘 살아나가야 한다. 할 수 있다는 신념을 가지고 내 안에 무한한 생명의 힘인 불성이 꿈틀대고 있다는 것을 믿고 행동하며 살펴야 한다.

그러할 때 나는 중생으로 고통받으며 살아가는 것이 아니라 부처의 마음으로 행복하게 살아가는 것이다. 부처의 마음, 그것은 걸림이 없는 마음이요, 한계가 없는 마음이며 창조적인 마음이다. 그 마음자리에 서면 늙음이란 없다. 죽음이란 없다. 아니 늙음을 서러워하지 않고 죽음을 두려워하지 않는다. 슬픔이란 없다. 실패란 없다. 서원의 힘, 긍정의 힘, 마음의 힘은 그렇게 강한 것이다.

이 책을 저술하면서 『수행법연구』(대한불교 조계종 교육원 불학연구소 편저)를 부분적으로 참고하였다.

고명석

동국대학교 인도철학과와 동 대학원을 졸업하고 한국불교연구원 연구교육 간사를 거쳐
대원정사에서 출판부장 및 편집부장을 역임했다. 대한불교조계종 교육원 불학연구소 연
구과장을 거쳐 현재는 포교연구실 선임연구원으로 재직 중이다.
《불상의 마음》,《군인들과 함께하는 청춘 동행》,《왕초보 교리박사 되다》,《불자생활백
서》(공저),《100문 100답 불보살 신중편》(공저),《불교교리개론》,《인도사》 등 다수의 저서
와 번역서가 있다.

왕초보, 수행박사 되다

초판 1쇄 발행 │ 2008년 7월 10일
초판 3쇄 발행 │ 2018년 1월 17일

글쓴이 │ 고명석
펴낸이 │ 윤재승
펴낸곳 │ 민족사

주간 │ 사기순
기획편집팀 │ 사기순, 최윤영
영업관리팀 │ 김세정

등록 │ 1980년 5월 9일(등록 제1-149호)
주소 │ 서울시 종로구 삼봉로 81 두산위브파빌리온 1131호
전화 │ 02)732-2403~4
팩스 │ 02)739-7565
E-mail │ minjoksabook@naver.com
홈페이지 │ www.minjoksa.org

ⓒ 고명석, 2008

ISBN 978-89-7009-423-6   03220